Dieter Mende
EEZ Energie Energiewirtschaft Zukunftsenergien

Klartext zur Energiewende und Mobilitätswende:

**Die Gegner einfach einmal beim Wort genommen
… und entlarvt an den Beispielen der
vorangegangenen Wenden;
incl. der AKW- und E-Fuels-Nebelkerzen**

Wenn Ihnen jemand sagt, Sie/Er könne Ihnen innerhalb von wenigen Minuten die Energiewende erklären, dann sollten Sie äußerst skeptisch sein.

EU- /Bundes- /Landesweit denken und vor Ort handeln ist kein Widerspruch, sondern vielmehr dynamische Energiepolitik.

Dieter Mende

Dieter Mende
EEZ Energie Energiewirtschaft Zukunftsenergien

Klartext zur Energiewende und Mobilitätswende:

Die Gegner einfach einmal beim Wort genommen … und entlarvt an den Beispielen der vorangegangenen Wenden; incl. der AKW- und E-Fuels-Nebelkerzen

Impressum

© 2024 **Dieter Mende**,
EEZ Energie Energiewirtschaft Zukunftsenergien
www.eez-mende.de

weitere Mitwirkende:
Antje Mende,
LIKES Layout – Impuls – Konzept – Entwurf – Style;
Moderne Medien-, Text- und Bildberatung

Herstellung und Verlag: BoD – Books on Demand, Norderstedt

ISBN: 978-3-7597-6157-6

Inhaltsverzeichnis

Bild:
Das Coverbild, aufgenommen in Heiden, zeigt mit dem zunehmenden Klimawandel den nachfolgend höheren Energiebedarf, welcher sich preislich auswirkt bis hin zu den Lebensmittelpreisen;
Dieter Mende, EEZ Energie Energiewirtschaft Zukunftsenergien

Prolog

Mein Antrieb zur Erstellung von Reporten und Büchern ist zum einen die Leidenschaft für die Herausstellung der Chancen und der Möglichkeiten im Potenzialraster der Energiewende mit dem Energieträger Wasserstoff, zum anderen der Ehrgeiz zum Auf- und Ausbau einer Wasserstoffinfrastruktur mit der Werbung branchenübergreifender Leistungsträger, mit der Identifizierung von zukunftsfähigen Beiträgen und mit den daraus entstehenden und einander ergänzenden Kompetenzen.

Die Zielgruppe dieses Buchs ist weit gefächert; das Buch richtet sich zum einen an die weniger Technik affinen Leser*innen, zudem auch an Schüler*innen und Lehrer*innen, sowie an Politiker*innen bis hin zu Unternehmer*innen und Techniker*innen.
Damit das gelingen kann, wird zu Beginn des Buchverlaufs die Grundlage geschaffen, dass jede:r die Ausgangslage der Energiewende erkennen kann.
Daher ist der Buchverlauf derart gestaltet, dass den weniger Technik affinen Leser*innen nicht zu viel abverlangt an technischem Grundverständnis, dass der Buchverlauf für die Unternehmer*innen und Techniker*innen nicht langweilig erscheint.
Im Ergebnis sollen die Leser*innen mit dem ersten Kapitel abgeholt sein in ein gemeinsames Grundverständnis für die Energiewende. Mit dem zweiten Kapitel bekommen die Leser*innen die ganzheitliche Einsicht von den Quellen, die regenerativen Pfade der Energieerzeugung, bis zu den Senken, die mobilen und stationären Anwendungen.

Lassen sie sich davon begeistern, dass Veränderungen sehr viele Chancen ermöglichen, dass Veränderungen ohne Übertreibung sehr spannend sind und dass Veränderungen viel Begeisterung für die Zukunft auslösen können.

Lassen Sie sich bitte nicht verunsichern durch die bewusst erzeugten Irritationen seitens der Lobby gegen eine Energiewende, da die Lobby gegen eine Energiewende bewusst unvollständig argumentiert.

Die Energiewende muss ganzheitlich betrachtet sein, damit die Zusammenhänge erkennbar werden können, welche den wesentlichen Einfluss haben auch auf den Klimawandel und auf die Umwelteinflüsse.

Die Energiewende muss ganzheitlich betrachtet sein, damit das fundierte Technologie-Know-how und das Infrastruktur-Know-how optimal in die bestehenden Energiemärkte integriert werden kann und auch die bestehenden Energiemärkte erweitern kann.

Sie erfahren mit dem Buchverlauf zugleich die sicherlich spannendsten Entwicklungen der modernen Welt mit den Herausforderungen von Heute; dies zum einen mit Blick auf den Erhalt der Energieversorgungssicherheit für die Menschen, dies zudem mit Blick auf die vielen Chancen für die kommenden Generationen.

Die Energiewende ist sehr viel mehr, als nur eine zunehmende Nutzung der Erneuerbaren Energien!

Die Energiewende ist ein Jobmotor.

Soll die Energiewende gelingen und sollen die vereinbarten Klimaziele gelingen, ist der unmittelbar startende Ausbau der regenerativ erzeugten Energien alternativlos.

Fake-News, Fake-Videos ... alles das gibt es erschreckend viele auch zur Energiewende im Internet. Aber woran kann man sich dann noch orientieren?

Mein Impuls: an den Ergebnissen seriöser Netzwerkarbeit mit der Bestätigung zahlreicher, einander ergänzender Akteure.

Mit dem Blick auf die Energiewende, mit dem Blick auf Power-to-X, auf den die Sektoren elektrischer Strom, Wärme, Gase-Produkte und Treibstoff-Produkte koppelnden Wasserstoff, ergänzen in NRW seit dem Jahr 2008 diese beiden Netzwerke erfolgreich einander:
+ h2-netzwerk-ruhr für das Ruhrgebiet,
+ HyCologne für das Rheinland.

Wir unterstützen diese Entwicklungen sehr erfolgreich; sowohl lokal, regional, national und international auch mit dem Wasserstoff-Anwenderzentrum h2herten.

Hätten aktuell in Europa, in Deutschland die Ideengeber wie Jeff Bezos, Steve Jobs, Larry Page, Sergei Brin, Bill Gates, Mark Zuckerberg und/oder Elon Musk eine Chance?

Mit genauer Sicht vermutlich nicht; das z.B. auch aufgrund der aktuellen "Nörgel-Mentalität" in Deutschland, mit der nicht selten zuerst betrachtet wird, warum etwas angeblich nicht gehen soll, als interdisziplinäres Agieren zu fördern.

Wirtschaftliches Wachstum Deutschland: Die Gründer von heute sind keine Gründerfamilien mehr wie Krupp, Siemens u.a., die Gründer von heute nennen sich Startup und sind personell nicht selten eher unbekannt.

Auch die in Deutschland entwickelte Hybrid-Technologie wurde in Deutschland völlig falsch bewertet und nicht in die Systeme integriert. Erst einige Jahre später, fast viel zu spät, nachdem die Märkte in Asien uns die mobilen und die stationären Systeme mit der Hybrid-Technologie präsentiert haben, ist auch in Deutschland die Systemintegration der Hybrid-Technologie erfolgt.

Glaubt denn wirklich jemand, dass die von Thomas Alva Edison entwickelte Glühlampe das Ergebnis ist gleich vom ersten Ansatz an?

Die Dampfmaschine bekam 1769 durch James Watt eine entscheidende Verbesserung, worauf hin er ein Patent erhielt.

Die Bundesregierung hat die Aktualisierung der Nationalen Wasserstoffstrategie vorgestellt. Sogleich haben sich, z.B. auch mit LinkedIn, zahlreiche, nörgelnde Stimmen gezeigt, die anmerken, warum die Nationale Wasserstoffstrategie so "vermutlich" nicht funktionieren kann. Es ist nicht die Aufgabe der Bundesregierung einen Wirtschaftszweig, wie z.B. die Energiemärkte, zu optimieren, das ist die Aufgabe der Industrien, der Unternehmen, der Dienstleister und auch der Anwender, aber ebenso der Kommunen, der Regionen und der Länder.

Die Nationale Wasserstoffstrategie ist eine politisch bereitgestellte Basis, mit der die unterschiedlichsten Märkte der Energiewirtschaft optimieren werden können.

Mit Power-to-X bekommen die Energiemärkte durch den die Sektoren elektrischer Strom, Wärme, Gase-Produkte, Triebstoff-Produkte koppelnden Wasserstoff eine bisher nicht gekannte Flexibilität und Dynamik.

An diesen Tangenten wachsen der Anlagenbau, die Digitalisierung, die Robotik, die Nachrichtentechnologien und viele mehr. Zunehmend boomt der Job-Motor Energiewende erkennbar auch in Deutschland! Sie möchten teilhaben an dem Job-Motor Energiewende und auch an dem global startenden Wirtschaftswachstum, kennen aber Ihre Chancen und Möglichkeiten noch nicht?

Kein Problem. Die Unternehmen, angesiedelt in dem Wasserstoff-Anwenderzentrum h2herten haben internationale Expertisen und zeigen Ihnen gerne Ihre Chancen und Möglichkeiten nach der Chancenidentifizierung; gerne gemeinsam zudem mit Ihnen gestaltend.

An dieser Stelle, damit sich der thematische der Kreis mit dem Buchverlauf schließt:
Ja, der Ausbau der Netze elektrischer Strom ist nicht ausreichend erfolgt mit dem Blick auf die Energiewende, denn die Energiewende ist auch der Weg weg von den stoffgebundenen Energien, gebunden in der Kohle, gebunden in den Erdöl-Produkten, gebunden in den Gase-Produkten, hin zu einer zunehmend regenerativ erzeugten elektrischen Energie.

Aber auch Ja, die Netze elektrische Energie wirken ohne ausreichende Energiespeicher nicht wie ein Schwamm in der Infrastruktur elektrische Energie.

Auch dann, wenn unser elektrisches Netz zehn Mal, oder sogar hundert Mal so groß wäre wie jetzt, es kann trotzdem immer nur so viel elektrische Energie in das elektrische Netz eingespeist werden, wie zeitgleich, an anderer Stelle aus dem Netz elektrische Energie entnommen wird.

Somit Ja, ohne die Speicher für die elektrische Energie, bereits jetzt im Gigawatt-Bereich, bleiben wir bei dem Abregeln der Erzeugung regenerativer Energien, womit mit dem Abregeln z.B. der Windenergieanlagen die grundsätzlich erzeugbare elektrische Energie unwiderruflich verloren ist.

Ja, in der vollständigen Betrachtung liegen die drängenden Herausforderungen der Energiewende, aber auch Ja, darin liegen zugleich die zahlreichen Chancen und Möglichkeiten zur Optimierung.

Immer dann, wenn die Energiewende vollständig betrachtet wird, beginnend bei der Energieerzeugung, bis hin zu den Anwendungen mobil, portabel und stationär, zeigt sich an zahlreichen Tangenten der Wasserstoff.

Die Energiewende ist ein Job-Motor! Wind, Sonne, Geo, Bio, Hydro … die Energiegewinnung ist zunehmend regenerativ und die intelligenten Energiemanagements sind neben den Energiespeichern, dem Anlagenbau, dem Engineering, der Netzdynamisierung und dem globalen Markt Technologie-Know-how die Auslöser für den enorm anwachsenden Arbeitsmarkt.

Das Argument der Befürworter der aktuellen konventionellen Energieerzeugung, dass die Energiewende Arbeitsplätze vernichtet, konnte einer ganzheitlichen Betrachtung nicht Stand halten. Ja, es ist richtig, dass ein Arbeitsplatz in der konventionellen Energieerzeugung in der Durchschnittsbewertung vier weitere Arbeitsplätze generiert hat mit dem Blick auf die Förderung der Energieträger Kohle, Erdöl und Erdgas, mit Blick auf den Anlagenbau und auch mit dem Blick auf die Material- und Komponenten-Entwicklung.

Es ist aber auch richtig, dass ein Arbeitsplatz in der erneuerbaren Energieerzeugung in der Durchschnittsbewertung vier (+) weitere Arbeitsplätze generiert mit dem Blick auf den Anlagenbau, mit dem Blick auf die Material- und Komponenten-Entwicklung und zudem neu, mit dem Blick auf die dezentrale Energieerzeugung und den daraus resultierenden "intelligenten Netzen". Smart und Digital sind die schon gar nicht mehr neuen Begriffe in der Energiewirtschaft, welche viele neue und weitere Arbeitsplätze auslösen.

In der erneuerbaren Energieerzeugung ist die Material- und Komponenten-Entwicklung nicht weniger anspruchsvoll und hat in der Durchschnittsbewertung der Arbeitsplätze, welche einem Arbeitsplatz in der erneuerbaren Energieerzeugung folgen, das (+) der weiteren Arbeitsplätze generiert.
Die Beispiele dazu sind zahlreich und nicht weniger weit gefächert, wie die regenerative Energieerzeugung selbst.

In Deutschland zeigen die im Internet verfügbaren Zahlen, Daten und Fakten, dass die Windenergieerzeugung bereits im Jahr 2015 die Energieerzeugung mit Atomkraftwerken übertrumpft hat. Auch dieser positiven Entwicklung kann mit den geeigneten Energiespeichern die maximale Wertschöpfung der erneuerbaren Energieerzeugung folgen.

Der Wasserstoff ist für regenerativ erzeugte Energien ein klimaneutraler und zugleich umweltfreundlicher Energiespeicher und Energieträger; Power-to-Gas ist sowohl bei den global agierenden Energieversogern, als auch bei den im Verbund agierenden, regionalen Energieversorgern in den Fokus gerückt.

Power-to-Gas ist jedoch nicht allein nur innovativ als Energiespeicher und Energieträger.
Die zahlreichen, innovativen Entwicklungen entlang des Potenzialrasters der Energiewende zeigen an sehr vielen technischen Tangenten weitere innovative Entwicklungen.

Die regenerative Energieerzeugung und auch die Mobilität sind bereits heute einander ergänzend und führen gemeinsam in eine zukunftsfähige Infrastruktur in der Energiewende.

Kein Wunder also, dass sowohl die Lobby pro fossile Energieträger, als auch die Lobby pro AKW Atomkraftwerke aktuell wieder derart intensiv mit bewusst unvollständigen bis hin zu bewusst falschen Meldungen den Wasserstoff in Frage stellen.

Wie soll die Lobby pro fossile Energieträger und die Lobby pro Atomkraftwerke auch anders reagieren, als mit bewusst unvollständigen bis hin zu bewusst falschen Meldungen? Weil mit der vollständigen Betrachtung der Energiemärkte die Tangenten zum Wasserstoff unübersehbar zahlreich sind.

Die Naturvölker haben eine Weitsicht, die in der sogenannten "modernen Welt" und deren Schnelllebigkeit nicht selten in den Hintergrund gerät.

Ein indianischer Satz aus der Zeit der amerikanischen Kolonien-Bildung bekommt mit dem Blick auf die Energiewende und mit dem Blick auf die Reduzierung der Auswirkungen durch den Klimawandel erneut mahnende Berechtigung:

Wir erben die Erde nicht von unseren Vorfahren, wir leihen uns die Erde von unseren Kindern, von den Enkeln und von den nachfolgenden Generationen.

Nicht selten steht das Richtige und Wichtige im Konflikt mit den Interessen, vor allem dann, wenn es auch um das Geldverdienen geht, wenn es darum geht, dass die aktuellen Geschäftsfelder die maximal mögliche Wertschöpfung erfahren.

In den Nachschlagewerken wird der Begriff Lobbyismus erklärt mit der Bedeutung, dass sich z.B. die Politik befindet in einer systematischen und andauernden Einflussnahme von Wirtschaftsunternehmen, dass z.B. sozial und/oder gesellschaftliche Gruppen auf politische Entscheidungsträger einwirken wollen, dass meist durch den persönlichen Kontakt oder über die Massenmedien ein Einfluss erwirkt werden soll, mit dem Blick auf die Meinungsbildung der Menschen.

Die Herkunft des Wortes Lobbyismus ist aus der amerikanisch-englischen Sprache:

Lobbying ---> entlehnt.

LobbyControl und Abgeordnetenwatch sind Organisationen, die kritisch und auch deutlich anmerken, dass finanzstarke Wirtschaftsverbände sehr viel Macht auf die Politik ausüben können, dass finanzstarke Wirtschaftsverbände sogar politische Entscheidungen manipulieren können, während weniger einflussreiche Lobbygruppen es deutlich schwerer haben, Aufmerksamkeit auszulösen mit dem Blick auf andere Interessen.

Mehr Transparenz, z.B. mit dem Blick auf die Entstehung von Gesetzesvorlagen, steht im Fokus der Organisationen.

Bekannt ist, dass es in den USA und in der EU ein Lobby- bzw. Transparenzregister gibt.

In Deutschland gibt es seit dem 01.01 2022 ein Lobby- bzw. Transparenzregister.

Etwa 5.000 Verbände, Unternehmen und Organisationen sind in dem Register aufgeführt.

Die Korruptionsexperten*innen und auch Politiker*innen fordern strengere Vorgaben mit dem Blick auf die Lobbyisten*innen in der EU, sowie in den Bundes- und in den Landesministerien.

Erinnern Sie sich noch an den Lobbyismus-Skandal in dem Verlauf der Corona-Pandemie, bekannt geworden als "Maskenaffäre" der Bundestagsabgeordneten Nikolas Löbel (CDU) und Georg Nüßlein (CSU), sowie des bayerischen Landtagsabgeordneten und ehemaligen bayerischen Justizministers Alfred Sauter (CSU)?
Der Spiegel hatte berichtet, dass sich die drei Herren mit dem Blick auf die Beschaffung von Gesichtsmasken persönlich bereichert haben.

Erinnern Sie sich noch an den Fall im Jahr 2020, in dem der Abgeordnete Philipp Amthor (CDU) für Aufsehen gesorgt hat, indem sich Philipp Amthor für ein amerikanisches Start-up-Unternehmen eingesetzt haben soll und dafür Aktienoptionen bekommen haben soll, sowie dazu auch noch einen Direktorenposten erhalten haben soll.

Derartige Affären sind auch ein Auslöser dafür gewesen, dass sich in Deutschland die Große Koalition verständigt hat auf die Einführung eines verbindlichen Lobbyregisters.
Ohne Lobbyismus kann die politische Arbeit nicht gelingen. Das mag zunächst wunderlich wirken, das wird mit dem genaueren Blick aber erkennbar, denn im Grundsatz entsteht mit dem Lobbyismus eine Unterstützung der politischen Arbeit in der EU sowie in den Bundes- und Landesministerien.

Nur dann, wenn die verschiedenen Interessengruppen auf den politischen Ebenen tatsächlich über alle nötigen Informationen verfügen, kann inhaltlich abgewogen werden mit dem Blick auf die Vorbereitung von z.B. Gesetzestexten. Das Fachwissen kann nicht bei allen Politikern*innen gleich ausgeprägt sein, dies zudem mit dem Blick auf die arg vielen Fachbereiche.

Die Analogie mit dem Blick auf die Gerichte:
Wenn Richter*innen bei Gericht Recht sprechen sollen zu einem Thema, in dem sich die Richter*innen inhaltlich nicht ganz sicher sind, dann haben Richter*innen die Möglichkeit ein Gutachten in Auftrag zu geben bei denjenigen, von denen sie wissen, dass die Beauftragten sich auskennen in dem Thema.

Ähnlich ist der Ansatz in der Politik. Politiker*innen sind z.B. mit dem Blick auf die Energiewende nicht zwingend Technik affin. In der Folge haben die Politiker*innen die Möglichkeit, entweder eine Studie in Auftrag zu geben, oder einen Fachkreis zu gründen. In den Fachkreis werden die Personen eingeladen, bei denen von einer Fachkompetenz ausgegangen werden kann.

Die Lobbygruppen haben entsprechende Expertisen in den Fachgebieten. In der Demokratie muss nicht nur die Meinungsfreiheit gegeben sein, sondern auch, wie mit dem Blick auf die Energiewende, muss die Technologieoffenheit ohne Diskriminierung gegeben sein, vorausgesetzt, dass diese Technologie nicht im Widerspruch steht zu geltenden Entscheidungen, wie z.B. zu dem Kohleausstieg.

Die Sachverhalte können nur dann diskriminierungsfrei entschieden werden, wenn aus den verschiedensten Möglichkeiten und mit den verschiedensten Potenzialen die gesamte Thematik betrachtet wird; das ist für den politischen Entscheidungsprozess sehr wichtig. Darum ist, bevor die Gesetze entschieden werden, die Anhörung von den Verbänden, die Anhörung der Wirtschaft, tatsächlich eine politische Vorschrift.

Ein Beispiel, mit dem sich die konträren Lobbyinteressen zeigen, ist der Ende 2023 wieder neu gestartete Entscheidungsprozess mit dem Blick auf das Glyphosat in der Landwirtschaft. Das Interesse der Gewinnmaximierung in der Landwirtschaft steht im Konflikt mit dem Interesse des Umweltschutzes.

Ein weiteres Beispiel hat sich hauptsächlich in England gezeigt mit der Erkrankung der Kühe mit dem Rinderwahn. Erst nachdem erste Erkrankungen bei den Menschen hingewiesen haben auf die Übertragbarkeit der Erkrankung Rinderwahn von den Kühen auf die Menschen durch die industrielle Produkterzeugung wie der Galantine, konnte sich die Lobby pro Rinderzucht nicht mehr durchsetzen gegenüber der Lobby pro Gesundheitswesen.

Als passendes Beispiel für Interesskonflikte zeige ich das Energieerzeugungsunternehmen RWE. RWE hatte Jürgen Grossmann im Jahr 2007 zum Vorstandsvorsitzenden gewählt mit dem Auftrag, RWE zukunftsfähig aufzustellen; "voRWEg gehen" ist der werbende Slogan gewesen.

Jürgen Grossmann war immer schon sehr innovativ und hat den Energieträger Wasserstoff erkannt als Säule einer zukunftsfähigen Energieinfrastruktur.

2010 war RWE der Hauptsponsor des Weltwasserstoff-Kongress in Essen; wir sind in diesem Verlauf des Weltwasserstoff-Kongress 2010 mit dem Wasserstoff-Anwenderzentrum h2herten eine Außenstelle gewesen und wir hatten den Kongressteilnehmern*innen demonstriert, wie die zukunftsfähige Energieinfrastruktur mit dem Wasserstoff funktioniert; beginnend bei der regenerativen Energieerzeugung, über die Energiespeicherung, bis hin zu der Bereitstellung der Energie elektrischer Strom und Wasserstoff.

Es waren die Aktionäre des RWE, die dem RWE-Vorstandsvorsitzenden Jürgen Grossmann untersagt hatten, den Wasserstoff aufzunehmen in die zukunfts-fähigen Geschäftsfelder, weil der Energieträger Wasserstoff in die Konkurrenz geht zu den Geschäftsfeldern der Energieerzeugung mit den Kohlekraftwerken und mit den Atomkraftwerken. Es waren die Aktionäre des RWE, die dem RWE Vorstandsvorsitzenden Jürgen Grossmann die Aussage auferlegt haben, dass das RWE für Kohlestrom und Atomstrom steht.

Am 11.03.2011 geschah in Japan der Supergau am Atom-kraftwerk Fukushima, aus der die politische Entscheidung entstanden ist zum Atomausstieg mit der Begründung, dass, wenn das weltweit führende Atomtechnologie-Know-how Japans nicht in der Lage ist einen solchen Supergau zu verhindern, dann können wir das auch nicht.

Jürgen Grossmann wäre als Person genau der richtige Vorstandsvorsitzende gewesen für das RWE, aber aufgrund der ihm von den RWE Aktionären auferlegten Aussage, dass das RWE für Kohlestrom und Atomstrom steht, wäre Jürgen Grossmann mit dem Blick auf eine Wiederwahl zum Vorstandsvorsitzenden nicht mehr glaubwürdig gewesen für Außenstehende.

Jetzt, im Jahr 2023, mit dem Hochlauf der Wasserstoffindustrie, wäre RWE froh, diese Aussage so nicht getätigt zu haben. Wenn RWE sich jetzt vorstellen kann, doch eher aus der Energieerzeugung mit der Braunkohle auszusteigen, als von der EU vorgegeben, dann deshalb, weil die Aktionäre des RWE erkannt haben, dass sich Aktien, welche die Energiewende tangieren mit dem Wasserstoff, besser verkaufen lassen, als Aktien, welche die Braunkohle tangieren.

Fazit: es sind nicht zwingend die Geschäftsführer*innen in den Unternehmen mit AG Aktiengesellschaft im Namen, es ist das Kapital, es sind die Aktionäre, die mit dem Ziel der maximal möglichen Wertschöpfung der aktuellen Geschäftsfelder der Innovation im Wege stehen können.

Fake-News, Fake-Videos ... was macht die Menschen so empfänglich dafür?

Keine Sorge, der Buchverlauf wird nicht zu tief gehen in die Psychologie, aber es braucht tatsächlich mit dem Blick auf die Aussichten mit der Energiewende, sowie mit dem Blick auf die aktive Lobby pro fossile Energieträger gegen die Energiewende, schon den ehrlichen Umgang mit den Hintergründen und mit den Auslösern.

Ihre Wahrnehmungen beeinflussen Ihre Entscheidungen und wenn Sie sich umgeben mit negativ eingestellten Menschen, dann werden Sie keine positiven Impulse erhalten.
Den Schalter umlegen, rauskommen aus der Summe der negativen Impulse, das liegt hauptsächlich an Ihnen, an Ihrer Bereitschaft zu hinterfragen.

Als Buch-Autor bewege und bleibe ich in dem Bereich, in dem ich mich sehr gut auskenne: die Energiewende.
An dieser Stelle ist das Buch eine herzliche Einladung sich zu lösen aus der Igelhaltung gegenüber der Energiewende und in den gemeinsamen Energiewendedialog zu kommen.

Für das Erkennen der Chancen und der Möglichkeiten mit der Energiewende sind wir uns bewusst, dass das Wichtige und dass das Richtige immer auch den ehrlichen und offenen Dialog braucht. Mit dem erweiterten Blick über das Johari-Fenster hinaus zeige ich Ihnen konkreter, wo sich die Zusammenhänge befinden und wie Sie die Zusammenhänge optimal einordnen können.

Vermutlich werden viele von Ihnen, liebe Leser*innen, den Begriff Johari-Fenster bisher noch nicht gehört haben.

Dabei erzeugt das Agieren der Menschen miteinander aber genau dieses Bild.

Die jüngere Generation, die sich aktiv bewegt in und mit den sozialen Medien, setzt das mit dem Johari-Fenster gezeigte Zusammenspiel sogar ganz bewusst ein.

Facebook, Instagram, X (zuvor Twitter), YouTube sind die Beispiele für beliebte, soziale Medien, in und mit denen sich nicht nur die Stars aus der TV- und Musik-Branche bewegen, sondern vielmehr auch die privaten Teilnehmer*innen mit den eigenen Profilen im Internet.

Dazu der Blick auf die Skizze Johari-Fenster auf der nachfolgenden Seite 57:

Die sozialen Medien funktionieren hervorragend mit dem Agieren und mit dem Reagieren:

+ Somit ist in der Skizze links oben die "Öffentliche Person", das Profil der Teilnehmer*innen in den sozialen Medien.

+ "Mein Geheimnis" ist der Pool an Informationen, aus dem das Profil fortlaufend bedient wird.

+ "Blinder Fleck" ist der Bereich derer, die reagieren; das können Likes sein, das kann aber auch Shitstorm bedeuten.

+ Spannender für alle wird es mit "Unbekanntes", weil dieser Bereich sehr viel Potenzial hat.

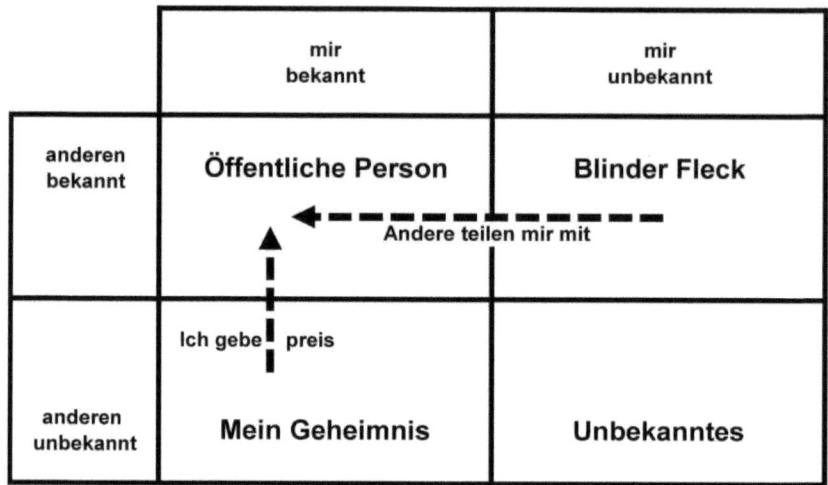

	mir bekannt	mir unbekannt
anderen bekannt	Öffentliche Person	Blinder Fleck
anderen unbekannt	Mein Geheimnis	Unbekanntes

Skizze:
Im Jahr 1955 haben die amerikanischen Sozialpsychologen Joseph Luft und Harry Ingham das Johari-Fenster vorgestellt.
Die Vornamen der Sozialpsychologen, Joseph und Harry, haben zu der Namensgebung Johari-Fenster geführt.

Bevor wir uns dem Blick zuwenden, über das Johari-Fenster hinaus, skizziere ich Ihnen eine Methodik, mit der Sie die Thematik des Johari-Fensters entweder aus der passiven Situation heraus anwenden können, z.B. für das Einholen von Informationen oder sogar für das Lösen aus der Igelhaltung, skizziere ich Ihnen eine Methodik, mit der Sie für das eigene Engagement die Zielgruppen identifizieren können.

Das Johari-Fenster kann und soll eine Dynamik auslösen, egal ob zu einer einzelnen Person, oder zu einer Gruppe.

Typische Anwendungen, u.a. in Unternehmen, in Vereinen, können z.B. sein:

+ strukturierte Mitarbeitergespräche mit aktiver, gegenseitiger Unterstützung,
+ ehrenamtliche Engagements mit aktiver Einbindung weiterer Akteure,
+ den Verein stärkende Mitgliederakquise,
+ der Auf- und Ausbau von nachbarschaftlichen, wiederkehrenden Feiern,
+ … grundsätzlich alle Belange, die z.B. das Einbinden weiterer Interessen fokussieren.

Für die Einen ist ein halb gefülltes Glas, positiv gesehen, halb voll, für die Anderen ist ein halb gefülltes Glas, negativ gesehen, halb leer; trotz der identischen Ausgangslage.
Ihre Wahrnehmung beeinflusst Ihre Entscheidung und wenn Sie sich umgeben mit negativ eingestellten Menschen, dann werden Sie keine positiven Erfahrungen erhalten.
Somit den Schalter umlegen, raus aus den negativen Entwicklungen und das gelingt Ihnen, indem Sie sich das Johari-Fenster ansehen mit dem Aktion-Reaktion-Verhältnis.

Mit dem Blick auf die Energiewende hat das Johari-Fenster im Ergebnis, dass beginnend bei der Energieerzeugung bis hin zu den Anwendungen, alle Energiepfade vollständig gezeigt sein müssen, damit die Energiewende erkennbar wird als wichtig und richtig.

Die Lobby pro fossile Energieträger kann einer vollständigen Betrachtung der Energiewende schon lange nicht mehr standhalten, darum kommuniziert die Lobby pro fossile Energieträger gerne mit bewusst unvollständigen Aussagen, bis hin zu bewusst falschen Aussagen.

Der erweiterte Blick über das Johari-Fenster hinaus hat das Potenzial, grundsätzlich alle Belange zu identifizieren und die gemeinschaftlichen und/oder demokratischen Interessen zu fördern.

<u>Es sind nicht immer nur die manipulativen Einflüsse von außen, die die Menschen von dem Wichtigen und/oder von dem Richtigen wegsehen lassen, z.B. kann auch die eigene Bequemlichkeit ein Auslöser sein für das Wegsehen von dem Wichtigen und/oder von dem Richtigen.</u>
<u>Der Rebound-Effekt, bereits gezeigt mit den Seiten 14 und 15, ist ein passendes Beispiel dafür.</u>

Das Hinterfragen ist die wichtigste Basis, damit Sie auf die im Internet zahlreichen Fake-News und Fake-Videos nicht hereinfallen.

Mit der Energiewende werden sehr komplexe Zusammen-hänge optimiert, so dass nicht an allen Stellen zugleich das Optimale möglich wird; zahlreiche Entwicklungen gehen voraus und andere Entwicklungen folgen.
An dieser Stelle noch einmal die Frage, weil es sehr deutlich den Bedarf der schrittweisen Anpassungen bedarf:

Glaubt denn wirklich jemand, dass die von Thomas Alva Edison entwickelte Glühlampe das Ergebnis ist gleich vom ersten Ansatz an?
Die Dampfmaschine bekam 1769 durch James Watt eine entscheidende Verbesserung, worauf hin er ein Patent erhielt.

Nicht alles, was sich zeigt als zukunftsfähig und erfolgreich zugleich, wird vom ersten Moment an von dem Menschen mit Applaus angenommen.
Mit dem Blick auf die Energiewende trifft das sehr genau zu, zum Teil aus Verunsicherung, zum Teil aufgrund der im Internet verbreiteten Fake-News und Fake-Videos.

Bevor der Energieträger Wasserstoff eingetreten ist in die Energiedialoge, wurden seitens der Energie produzierenden Unternehmen, durch die Betreiber der Kohlekraftwerke, die Wind- und die Solarenergie begrüßt als "grüne Ergänzung", weil die Energieerzeugung mit dem Wind und mit der Sonne nicht gleichmäßig verläuft, sondern vielmehr fluktuierend.

Somit konnte die Energieerzeugung mit dem Wind und mit der Sonne keine Grundlast bieten, konnte die regenerative Energieerzeugung keine Basis sein für die Versorgungssicherheit. Geändert hat sich das mit der Ergänzung durch den Wasserstoff; in den Zeiten mit übermäßig viel Wind- und Sonnenenergieerzeugung kann mit dem Zuviel an elektrischer Energie, welche die elektrischen Netze nicht aufnehmen können, Wasserstoff produziert werden, der in den Zeiten, in denen nicht genug Wind- und Sonnenenergieerzeugung zur Verfügung steht, durch die Rückverstromung das Zuwenig an elektrischer Energie ergänzen. Alternativ wird mit dem Blick auf den Wirkungsgrad der Wasserstoff direkt genutzt.

Ab diesem Zeitpunkt ist die Lobby pro Kohle gegen den Wasserstoff mit Fake-News und Fake-Videos angetreten.

Laut wurden die Stimmen pro fossile Energieträger gegen den Wasserstoff und eine hitzige Diskussion ist entstanden; oft mit unberechtigten Fragestellungen der Lobby pro Kohle mit dem Ziel des Ausbremsens der Energiewende.

Nicht selten sind die lautesten Kritiker mit ablehnender Position bei genauer Betrachtung eher nervös, weil man das anvisierte Ziel ausbremsen will.
1995 sind wir in der Region Emscher-Lippe:
+ 10 Städte des Kreises Recklinghausen,
+ Bottrop,
+ Gelsenkirchen
gestartet mit dem Fokus Energiespeicher Wasserstoff.

Für die wenigen Höflichen waren wir Visionäre, für die Anderen waren wir "Spinner". 2003 haben wir mit unseren nachhaltigen Ergebnissen landesweit überzeugt und den NRW Landesauftrag erhalten zur Koordinierung der Wasserstoff- und Brennstoffzellenaktivitäten im nördlichen Ruhrgebiet. Heute wissen wir, dass diejenigen, die gegen uns interveniert haben mit unvollständiger und mit bewusst falscher Lobby, selbst bestrebt sind um einen Einstieg in den Wasserstoffmarkt.

Zuversicht und Klarheit im Ziel. Es ist nicht eine Frage der Interpretation, es ist der ehrliche Dialog, der eine starke Basis bietet.

Der Erfolg ist gekoppelt an dem Erfolg der Gesprächs-PARTNER*innen:

+ Chancen identifizieren außerhalb der Routine,
+ Neugier verbinden mit Inspiration,
+ das führt auch auf noch unbekannte Wege.

Entdecke die Potenziale an den Tangenten und erkenne die Bestätigung durch die schärfsten Kritiker. Je intensiver die Motivation der Störenden ist, umso größer ist das Potenzialraster mit den sich daraus ergebenden Chancen und Möglichkeiten.

<u>Die Energiewende wird heute erkannt als wichtig und richtig für den Umweltschutz und für die maximal mögliche Reduzierung der Auswirkungen durch den Klimawandel.</u>

Aber das ist nicht immer so gewesen. Zu Beginn wurde die Energiewende gesehen als Störung in den Betriebsabläufen der Energieerzeugung.
Mitarbeiter*innen, die in den Unternehmen im Sinne der Energiewende vorgetragen haben, wurden als störend empfunden und ermahnt, bis hin zur Androhung z.B. der Versetzung.

Vor der Störung im Betriebsablauf gibt es den einen routinierten Ablauf. Die Störung im Betriebsablauf erschließt jedoch Chancen und Möglichkeiten, die sich sonst oft gar nicht zeigen aufgrund der Betriebsblindheit.

Vor diesem Hintergrund entstehen durchaus Fake-News mit dem Ziel des Ausbremsens.

Die Störung im Betriebsablauf erschließt mehrere Wege:

+ entweder den Weg, der das Handeln fortsetzt durch den zeitlichen Austausch der Tagesagenda,

+ oder den Weg, der der Spontanität und der Kreativität freien Lauf lässt.

Ich bevorzuge den Zweiten Weg, denn der Weg ist der mit den "ausgefahrenen Antennen", der die Neugier verbindet mit der Inspiration, der mit der Lust auf das Unvorhergesehene, der mit dem Genuss der Vielfalt.

Nicht immer ist eine Alternative von Erfolg gekrönt und die flüchtig Schauenden neigen dazu, die Alternative als Fehler zu sehen. Jedoch sind Fehler im positiven Sinn an erster Stelle Ergebnisse.

Ergebnisse sind die Basis aller Entwicklungen:

+ Versuchen Sie bitte einmal einen "Fehler" zu sehen als Entscheidungshilfe.

+ Als echten Fehler interpretiere ich das, was im Sinne des Strafgesetzbuches von der Staatsanwaltschaft verfolgt werden muss.

+ Als Fehler interpretiere ich ein unsoziales Verhalten, wie z.B. der Egoismus.

Eine Idee oder eine sich zeigende Chance wird von den Anderen manchmal auch mit einem "Nein" beurteilt.
Nicht so bei mir. Der Königsweg ist für mich, dass mein "Nein" den anderen gegenüber nie alleine steht.

Das Nein wird verbindend und ergänzend und sogar reich an Potenzial:

+   mit "Nein, aber wollen wir nicht stattdessen ...?",
+   oder mit: "Nein, was hältst Du von der Idee ...?",
+   oder mit: "Nein, wir zusammen haben stattdessen die Chance ...".

Wer mich mit einer Idee nur beladen will, wird, wenn einmal mit einbezogen, so schnell nicht wiederkommen.

Wer tatsächlich mein Mitwirken sucht, bekommt von mir eine faire, ehrliche und zugleich nachhaltige Basis; meine ergänzende Gestaltung ist Motor und Energie zugleich.

N	och
E	ine
I	nformation
N	ötig

„Bleib so wie Du bist" ist ein vielleicht geäußerter Wunsch im Job, in dem familiären Umfeld oder in der Außenwelt, und klingt zunächst verbindend. „Bleib so wie Du bist" ist jedoch fast immer ein wortgewandtes Werkzeug der Bequemlichkeit der Anderen, damit man deren L(i)ebensmodell entspricht.

Die Erfolge spiegeln uns unser Wirken, trainieren unsere Beitragsfähigkeiten in dem Miteinander. Wenn wir uns nur an dem orientieren, was uns als erfolgreich vorgegaukelt wird mit verlockenden, einfach klingenden Lösungen, dann unterliegen wir sehr schnell den Fake-News und Fake-Videos.

Die langfristig Erfolgreichen agieren bewusst teamfähig und l(i)eben die Eigenschaften wie Loyalität, wie Pflichtgefühl, wie Fürsorglichkeit, wie Gerechtigkeit und wie Mut.
Die langfristig Erfolgreichen agieren abseits der Routinen mit der Spontanität und der Kreativität.
Das Ergebnis: ein "gutes Gewissen" führt ganz schnell in die verdiente Gelassenheit.

E	in
R	ichtiger
F	ilter
O	hne
L	ieblose
G	ewohnheiten

Der Chancen-Akquise die nötige Aufmerksamkeit geben!

Ja, eine differenzierte, eigens hinterfragte Position eröffnet wunderbar viele Potenziale und Chancen; es entstehen sehr spannende Impulse mit dem Hinterfragen.
Tatsächlich muss ich mit einer guten Vertrauensbasis weder im privaten Umfeld, noch im beruflichen Kontext grundsätzlich alles prüfen, sonst müsste ich an meinem Auto die Räder gegen Würfel tauschen um zu sehen, ob die Räder oder die Würfel einen optimaleren Bremsweg haben; dies mit allen daraus resultierenden Konsequenzen der Bequemlichkeit beim Fahren.
Herrjeh, ich habe gerade Kopf-Kino 😊 Das Hinterfragen bereichert sogar den Humor.

Das Hinterfragen in der Schule hat bei meinen damaligen Lehrern*innen manchmal die Antwort erzeugt: „Weil das so ist, lies einfach das ***-Buch." Von da an ist mir klar gewesen, dass ich selbst auch ein Buch schreiben werde und da stehen dann Dinge drin, die auch anderen das Hinterfragen ermöglichen, die andere einladen in die gemeinsame Betrachtung und in die Chancen-Akquise; auch wenn ich damals als Kind noch nicht den heutigen Wortschatz hatte.

Reporte erstellt habe ich schon seit meinem 21. Lebensjahr. Ja, die Begriffe Verbindlichkeit, Vertrauen und Verantwortungsbewusstsein tauchen immer dann auf, wenn es z.B. um das Gelingen des Miteinanders in der Gesellschaft geht und/oder um den Beruf geht. Die Lebenserfahrung zeigt, dass Menschen trotz allerbester Referenzen trotzdem problematisch sein können für andere, aufgrund der unterschiedlichen Sichtweisen.

Ehrlichkeit, auch dann, wenn sie mir selbst unbequem ist, weil ich z.B. etwas vergessen habe, das ich zuvor zugesagt hatte; das ist die grundsätzliche Basis. Der ehrliche Umgang bietet den Lösungsfindungen mit einladenden Engagements die wichtigen Vertrauensanker.
Eine tatsächlich sehr verantwortungsvolle Diplomatie den Anderen gegenüber kann die Basis festigen.
Das klingt für Sie jetzt abgehoben? Zu dieser Sicht mag manche*r neigen, aber in der Realität lösen genau diese Zusammenhänge wertvolle und ermöglichende Impulse aus.

<u>Wie wollen wir die wichtige Energiewende ermöglichen, ohne das verbindende Vertrauen?</u>

Wir kennen vieles, aber es braucht das gemeinsame Wirken für das Vollständige.

Ja, mit dem Heraustreten aus der Routine und mit dem Hinterfragen:
+   wird man sichtbar für andere,
+   sowohl im Job,
+   wie auch im privaten Umfeld
+   und man wird für die Bequemen vielleicht zunächst auch ein bisschen fremd und angreifbar.

Wir alle bekommen über die sozialen Medien, wie auch z.B. mit WhatsApp unzählige Fake-News und Fake-Videos, die im ersten Moment vielleicht sogar lustig wirken können, Fake-News und Fake-Videos, die aber sehr oft bewusst erstellt worden sind um z.B. die Energiewende auszubremsen, indem der der Eindruck entsteht: Wenn so viele das teilen und weiterleiten, dann muss ja etwas daran sein.

Ja, das Hinterfragen mach uns sichtbar und wenn man dann mit der eigenen, mit der korrekten Sicht gegenhält, gegen die Fake-News und Fake-Videos, dann kann man angreifbar werden.
Darum schweigen nicht wenige, wenn die Fake-News und die Fake-Videos zur Energiewende auftauchen, so dass damit der falsche Eindruck entsteht, dass die Fake-Botschaft eine breite Akzeptanz hätte. Das Hinterfragen braucht Mut.

<u>Wie gehen Sie vor, wenn Sie sich entscheiden dürfen?</u>
<u>Ist das nicht eine sehr interessante Fragestellung?</u>
<u>Es ist sogar die alles entscheidende Fragestellung!</u>

Ich habe in all meinen Impuls-Referaten über die Jahre festgestellt, dass es durchaus einen Unterschied gibt:
+ zwischen den Generationen,
+ der geprägt ist auch von der Bequemlichkeit und der Schnelllebigkeit.
+ Während Senioren*innen aktiv teilnehmen im Dialog zu meinen Impuls-Referaten mit dem Infragestellen,
+ des Gleichen die Teilnehmer*innen in der Altersgruppe mit aktuell 40 Jahren und älter,
+ ist die aktuelle Altersgruppe Schüler*innen, Auszubildende, Jungarbeitnehmer*innen eher träge und ich erkenne zunehmend: Die jungen Menschen hinterfragen eher selten, springen sogleich auf, auf den aktuellen Trend und leben mit dem Mainstream.
+ Wo kommt das her?

<u>Nicht alles, was veröffentlicht ist mit Wikipedia, ist inhaltlich auch korrekt. Das, was z.B. mit Facebook veröffentlicht wird, ist nicht selten Fake; trotzdem wird der Inhalt angenommen und ungeprüft geliked oder sogar ungeprüft instrumentalisiert.</u>

Fake-Meldungen und das Weiterleiten, z.B. über WhatsApp, ist allgegenwärtig.

Kennen Sie noch das alte Sprichwort: „Was Fritzchen als Kind nicht lernt, lernt Fritz als Erwachsener doppelt schwer."?

Wenn Menschen mangels Aufmerksamkeit und mangels der Bereitschaft zum Hinterfragen, ausgelöst durch die Bequemlichkeit und die Schnelllebigkeit, zunehmend die Fähigkeit der Entscheidungsprozesse verlieren, ist den Extremisten*innen, egal ob z.B. religiös, politisch motiviert, Tür und Tor geöffnet.

Wenn ich heute sehe:
+ dass junge Eltern den Kinderwagen schieben,
+ den Kinderwagen in der einen Hand, das Handy daddelnd in der anderen Hand,
+ wenn das Kind die jungen Eltern kontaktiert mit den Blicken und/oder dem Ansprechen und die jungen Eltern das nicht mitbekommen,
+ muss man dann davon ausgehen, dass auch diesen jungen Eltern ein kommunikatives Miteinander nicht ausreichend vorgelebt worden ist?
+ Vielleicht. Aber wie kann dieser Fehlentwicklung entgegengewirkt werden?

Erkennen auch Sie mit dem Blick auf manche TV-Angebote, dass die Kommunikation an sich unvollständig gelebt wird und dass damit Probleme auslöst werden können? Diese TV-Angebote sollen der Belustigung dienen, mit der Reaktion der Zuschauer*innen: „So bin ich zum Glück nicht."

Doch was dann kann/soll den jungen Menschen wertvolle Impulse und/oder Motivation geben?

An dieser Stelle ist vor ein paar Jahren ein sehr interessantes Phänomen aufgetaucht in den sozialen Medien, das sich Influencer nennt.

Beruf und/oder Berufung? Deutlicher und erkennbarer kann der Unterschied nicht sein, als mit den Influencern, weil am Ende ein Ergebnis geprägt ist auch durch das Vertrauen.

Vertrauen, da ist es wieder. Das Thema Vertrauen ist erkennbar unsere wichtige Basis in dem Miteinander; egal ob im Job, oder in dem privaten Umfeld.

I	mmer
N	eue
F	akten
L	ehren
U	ns .
E	ine
N	ächste
C	hance
E	rgänzender
R	echerche

Die begriffliche Erklärung Influencer besagt, dass der englische Begriff "to influence" ins Deutsche übersetzt für das Beeinflussen steht, für das Einwirken, für das Prägen.

Diese vielleicht schlichte Betrachtung wird dem sehr hohen Anspruch nicht gerecht, denn Influencer sind nicht einfach nur Personen, welche aus dem eigenen Antrieb heraus Inhalte verbreiten in den unterschiedlichen Medien durch Texte, durch Bilder, durch Audios und/oder durch Videos.

Influencer erreichen zu einem Thema, das z.B. geprägt ist:

+ durch einen Trend (Mainstream),
+ durch eine Notwendigkeit (z.B. umweltpolitisch die Energiewende),
+ durch einen Auftrag (Messe/Kongress/Marketing) in möglichst steigender Frequenz eine breite Zielgruppe.

Nicht Wenige junge Menschen streben ein erfolgreiches Berufsleben als Influencer an und scheitern aufgrund fehlender Überzeugungskraft, welche begründet sein kann:

+ in fehlender Erfahrung,
+ in ungenügender Kenntnis an den Tangenten,
+ in fehlender eigener Überzeugung.

Die Politik, der Sport, der Journalismus, das Schauspiel und die sozialen Medien sind eine Basis für die Influencer, aber nur wenige Influencer haben sehr viel Aufmerksamkeit, sehr viele Follower. Warum?
Die Hürde ist das Vertrauen der Menschen.
Das Vertrauen wird erzeugt durch das Vorleben mit dem Blick auf die wichtigen, angestrebten Ergebnisse.

Aber was macht sie aus, die erfolgreichen Influencer?
Ist es nur das Vertrauen?
Nein:

+ Ganz sicher ist es auch der Mut anders zu sein,
+ der Mut auch einmal gegen den Strom zu schwimmen,
+ der Mut den möglichen Gegenwind, den Shitstorm auszuhalten.

Den Gegenwind, den Shitstorm erfahren seit vielen Jahren die Akteure im Potenzialraster der Energiewende und genau das ist tatsächlich auch mir begegnet.
Wie kommt man also zu der erfolgreichen Umsetzung der Energiewende mit dem Vertrauen?

Zu Beginn des Buchverlaufs hatte ich Ihnen berichtet, dass wir, damals gerade einmal vier Personen in der Region Emscher-Lippe, die im Jahr 1995 vorgetragen haben zu dem Thema Energieträger Wasserstoff, für die wenigen Höflichen Visionäre gewesen sind und für die Anderen einfach nur Spinner gewesen sind.
Im Jahr 1998 ist mit dem Aushalten und mit den konstruktiv vorgetragenen, realen Potenzialen ein überregionales Interesse entstanden mit viel Zuspruch. Auch wenn es in der Zeit vor dem Millenniumjahr 2000 das Wort Influencer noch nicht gegeben hat, wir waren und sind Influencer.

Dass uns die Kehrwende von "Spinner" gelungen ist hin zu dem überregionalen Interesse von tatsächlichen, zahlreichen Unternehmen und Organisation, bis hin zu dem NRW-Landesauftrag, hat eine Vertrauen schaffende Basis und da ist es wieder, das Vertrauen und der Mut zu hinterfragen und gegenzuhalten.

Ja, die Energiewende kostet Geld. Aber die Ergebnisse der Versicherungen zeigen, dass sich mit den Auswirkungen des zunehmenden Klimawandels die Schadensereignisse Sturm, Flut, Überschwemmungen, Hitze-Brände häufen und dass die zu erwartenden Kosten sehr viel höher ausfallen; vermutlich um den Faktor zehn und höher.

Die verantwortungsvollen Influencer, die ihr Wirken nicht nur ausrichten auf eine breite Zielgruppe, die vielmehr motivieren zur ZUsammenKUNFT, haben ihren Blick unbedingt auch über den Tellerrand zur Motivation mit der Teambildung:

+ Erfolgreiche Influencer haben den Mut sich offen zu zeigen,

+ erfolgreiche Influencer sind die Abteilungsleiter der eigenen Ideen,

+ erfolgreiche Influencer sind der Zirkusdirektor der eigenen Begeisterung,

+ erfolgreiche Influencer sind die Tanzlehrer des eigenen inneren Drives.

Die Neugier verbindet mit der Inspiration die Lust auf das Unvorhergesehene, mit dem Genuss der Vielfalt.
Ich entdecke mich selbst immer wieder neu und die Potenziale an meinen Tangenten. Das schafft zum einen Energie und zum anderen schafft das die wichtige Gelassenheit, damit ich mich z.B. dem Chillen auch öffnen kann.

Hirn, Herz und Humor auf Augenhöhe halten.

Das klingt für die Strapazierten nicht selten eher nebulös, tatsächlich aber ist das nichts anderes, als die Fairness sich selbst gegenüber, den Mitmenschen gegenüber und den Auftraggebern gegenüber.
Es ist wie beim Radio, da gibt es nicht nur aus oder an, da gibt es stufenlos von leise bis laut sehr viele Einstellungen.

Mit dem Blick auf die Aussage von Henry Ford stelle ich zwischen "Du kannst oder Du kannst nicht" das Wollen, das über die jeweilige Dynamik entscheidet.

Es ist dann die Dynamik, die entscheidet:
+   ob man glaubhaft ist und Unterstützung findet mit der Tendenz "Du kannst",
+   oder ob man Ablehnung erfährt mit der Tendenz "Du kannst nicht".

Ich selbst bin der Motor und mit dem Starten sollte ich auch "Gas geben", weil sonst, als Dauerparker, entsteht neben der Langeweile auch der Frust.

Frust und Langeweile sind auch eine Basis für die Empfänglichkeit von Fake-News und Fake-Videos.

Wenn Ihnen jemand sagt, Sie/Er könne Ihnen innerhalb von wenigen Minuten die Energiewende erklären, dann sollten Sie äußerst skeptisch sein.

EU-/Bundes-/Landesweit denken und vor Ort handeln ist kein Widerspruch, sondern vielmehr dynamische Energiepolitik.

Dieses Buch ist eine Einladung in den Energiewendedialog und das nachfolgende Kapitel gibt mit den gezeigten Büchern Anregungen mit dem Blick auf die einander ergänzenden Themenbereiche Umwelt, Klima und Energie.

Diese Energiewende ist nicht die erste Energiewende.

Mit der ersten Energiewende, von dem Verbrennen des Holzes, hin zu dem Verbrennen der Kohle, wurden Ängste erzeugt, wurde behauptet, dass Deutschland mit dieser Wende der wirtschaftliche Untergang bevorstehen würde, weil es aus statischen Gründen angeblich gar nicht möglich sei, dem Untergrund derart viel Kohle zu entnehmen, so dass es in der BRD genügend Brennstoff geben kann. Es wurde auch behauptet, dass der massive Abbau der Kohle sogar auf die Tektonik der europäischen Erdplatte großen Einfluss nehmen kann, bis hin zu schwersten Erdbeben oder bis hin zu Vulkanismus in Europa. Die bewussten Falschmeldungen waren das Ergebnis der Lobbyarbeit der Holzwirtschaft.

Mit der zweiten Energiewende, von dem Verbrennen der Kohle, hin zu dem Verbrennen des Erdgases, wurden wieder Ängste erzeugt, wurde wieder behauptet, dass Deutschland mit dieser Wende der wirtschaftliche Untergang bevorstehen würde, weil es aus technischen Gründen angeblich gar nicht möglich sei, ein derart großes Gasvolumen, über eine derart große Strecke, mit gleichem Druck anzubieten, so dass es in der BRD genügend Brennstoff geben kann.
Die bewussten Falschmeldungen waren das Ergebnis der Lobbyarbeit der Kohlewirtschaft.

Mit der aktuellen Energiewende werden seitens der Lobby pro fossile Energieträger wieder Ängste erzeugt, wird wieder behauptet, dass Deutschland mit dieser Wende der wirtschaftliche Untergang bevorstehen würde. Angeblich wären Stromausfälle die unvermeidbare Folge.

42

Die Energiewende ist nicht trivial!

Da die Lobby pro fossilen Energieträger nicht mehr Stand halten kann in den vollständigen Energiewendebetrachtungen, beginnend bei der Energieerzeugung, bis hin zu den Energie-Anwendungen, ist die Lobby pro fossilen Energieträger zur Verzerrung der Energiewende übergangen mit dem Ziel der Verunsicherung durch bewusst unvollständige, bis hin zu bewusst falschen Aussagen, mit der Gegenüberstellung der eigentlich einander ergänzenden Potenziale.

Wer nur die Physik mit den Wirkungsgraden betrachtet, kann nicht wirklich beitragen zu den globalen Herausforderungen der Energiewende. Wer nur die Physik mit den Wirkungsgraden zulässt in der Gesamtbetrachtung, die/der muss sich fragen lassen, warum die Menschen ein Auto mit Verbrennungsmotor fahren, obwohl mit dem Blick auf den Wirkungsgrad von der ursprünglich eingesetzten Energie nur bei 27% ankommt an den Reifen auf der Straße.

Die Gegner der Energiewende ignorieren dabei hartnäckig, dass mit dem Blick auf das Ziel die regenerative Energie-erzeugung im Terawatt-Bereich zum Schutz der Netze vor Überlast, abgeregelt wird; das ist grundsätzlich erzeugbare elektrische Energie, die unwiderruflich verloren geht durch das Abregeln der erzeugenden Anlagen. Somit ist das Speichern der grundsätzlich erzeugbaren elektrischen Energie wichtig und richtig.

Mit dem Speichern der elektrischen Energie, alternativ zum Abregeln der erzeugenden Anlagen, sind wir AUCH beim Wasserstoff, aber dem stellen die Gegner der Energiewende mit der Physik den Wirkungsgrad in den Weg.

Nicht allein mit der physikalischen Betrachtung, sondern auch mit der wirtschaftlichen Betrachtung, mit dem Ziel der Senkung der Energiekosten, ist die Wasserstofferzeugung als Alternative zum Abregeln eine Wertschöpfung.

Denn das Abregeln bedeutet:
+   anteilige Anlagenkosten trotz des Abregelns,
+   Ausgleichszahlungen an die Betreiber für das Abregeln der Anlagen,
=   NULL Energieerzeugung

Dem gegenüber steht mit der Wasserstofferzeugung:
+   die anteiligen Anlagenkosten sind gleichbleibend,
+   KEINE Ausgleichszahlungen an die Betreiber für das Abregeln der Anlagen,
=   DAFÜR aber die Kostenreduzierung der Energieerzeugung durch die ergänzende Wertschöpfung.

Die Gegner der Energiewende stellen mit dem Ziel der Verunsicherung das Speichern der elektrischen Energie in den Wettbewerb zu dem Wasserstoff, wobei mit dem Blick auf die Entwicklung der Batterietechnologien die Zukunftspotenziale in Anspruch genommen werden, wobei aber den Wasserstofftechnologien die Zukunftspotenziale nicht zugestanden werden.

Die Ergebnisse der Studien zu den Fragen der Energiewende, mit der ganzheitlichen Betrachtung, zeigen, dass die Kopplung der Sektoren elektrische Energie mit den Gase-Produkten, mit den Kraftstoff-Produkten und mit der Wärme das Maximum auslöst, für die technischen Potenziale.

Die Ergebnisse der Studien zu den Fragen der Energiewende, mit ganzheitlicher Betrachtung, zeigen auch, dass die Energiewirtschaft gar nicht auf den Kopf gestellt wird, sondern dass vielmehr die sehr vielen Erweiterungspotenziale die angestrebten Ergebnisse der Energiewende optimieren.

Wenn entgegen der Ergebnisse mit Blick auf die Sektorenkopplung trotzdem noch kein einheitliches Verständnis entstehen will für den Weg in die Energiewende, dann sind die Gründe dafür zu finden in der erkennbar unvollständigen Lobbyarbeit der einzelnen Energiepfade.

Die Vorstellung über die Konsequenzen einer Vollelektrifizierung ist bewusst nicht kommuniziert, denn, will die Energiewirtschaft die Wärme erzeugen mit dem elektrischen Strom, dann wäre der Mehrbedarf an dem elektrischen Strom enorm hoch.

Dies zudem in einer Situation, in der wir feststellen müssen, dass wir mit den bisher avisierten Anlagen zur Erzeugung des regenerativ erzeugten Stroms noch lange nicht die Herausforderungen lösen können, mit dem Blick auf den Ausstieg aus der Atom- und der Kohleenergie.

Der Gesang der Sirenen pro Vollelektrifizierung lockt mit der einfachen und auch bequem klingenden Behauptung: man muss nur genügend regenerativ erzeugten Strom vorhalten können und alle Energiefragen sind gelöst; dies bis hin zur Mobilität.

Aber, selbst dann, wenn das elektrische Netz ausgebaut wird bis hin auf das Hundertfache, müssten die den elektrischen Strom erzeugenden Anlagen immer noch abgeregelt werden zum Schutz der Netze vor der Überlast, weil in das elektrische Netz immer nur so viel elektrische Energie eingespeist werden kann, wie zeitgleich an anderer Stelle elektrische Energie dem Netz entnommen wird.

Der Ausbau der regenerativen Erzeugung des elektrischen Stroms ermöglicht das Absenken der CO_2-Emissionen und das anvisierte Ziel der Reduzierung der Auswirkungen des Klimawandels wird erreichbar.
Das klingt zunächst einfach und stimmig; verschwiegen werden jedoch:
+ die enormen Kosten für die massive Netzerweiterung,
+ dass zudem trotzdem elektrische Speicher nötig sind zur Kostenreduzierung,
+ denn jede einzelne, vor Ort erzeugte Kilowattstunde elektrische Energie ist ein wertvoller Beitrag für die Reduzierung der Energiekosten.

Mit dem Blick auf das daraus entstehende Szenario, nur mit dem Blick auf den massiven Netzausbau, ist der Begriff "Kupferplatte Deutschland" entstanden; ein Begriff, der die absehbaren enorm hohen Kosten darstellt.

Verschwiegen werden die enormen Energiemengen im Terawatt-Bereich, welche erzeugt werden sollen mit den avisierten Windenergieanlagen, welche dann durch welche technische Lösung gespeichert werden?
Im Gigawattbereich bis hin zum Terawatt-Bereich müssen wir uns tatsächlich nicht mehr allein über das Speichern mit den Batterien unterhalten.

Batterien und Wasserstoff ergänzen einander:
+ lokale Energiespeicherung mit den Batterien,
+ regionale Energiespeicherung mit den Batterien und mit dem Wasserstoff,
+ Quartierslösungen, z.B. Wohnblocks oder Gewerbe-Bereiche, mit den Batterien und auch mit dem Wasserstoff,
+ überregionale Energiespeicherung mit Wasserstoff,
+ nationale Energiespeicherung mit Wasserstoff,
+ internationale Energiespeicherung mit Wasserstoff,
+ internationaler Energietransport mit Wasserstoff.

Da der Weg der Energiewende auch der Weg ist weg von den stoffgebundenen Energieträgern (Energie gebunden in der Kohle, in dem Erdöl, in dem Erdgas) hin zu regenerativ erzeugten Energien, welche strombasiert sind, ist der Wasserstoff mit genauer Betrachtung nicht nur klassisch ein Energiespeicher, sondern vielmehr auch ein Energie-träger, welcher als verbindendes Element die Sektoren-kopplung ermöglicht und eine Vielzahl von technischen Möglichkeiten auslöst, welche als Sammelbegriff die Bezeichnung Power-to-X bekommen haben.

Power-to-X beinhaltet z.B. die Potenziale:

+ Power-to-Gas,
+ Power-to-Heat,
+ Power-to-Liquides,
+ Power-to-Chemicals,
+ Power-to-Fuels.

Landwirte werden zunehmend auch Energiewirte.

Power-to-X beinhaltet mit den zunehmenden Problemen, ausgelöst durch den Klimawandel, auch das Potenzial:

+ Power-to-Agrar.

Die Globalisierung hat den Onlinehandel erweitert.

Power-to-X beinhaltet mit den zunehmenden Problemen, ausgelöst durch den Klimawandel, auch das Potenzial:

+ Power-to-LML Last Mile Logistik.

Der Klimawandel und das nötige Trinkwasser.

Power-to-X beinhaltet mit den zunehmenden Problemen:

+ Power-to-RDW recovery of drinking-water.

Bilder:
Wasserstoff-Anwenderzentrum h2herten mit der Wasserstoff-Tankstelle;
Dieter Mende, EEZ Energie Energiewirtschaft Zukunftsenergien

Bild:
Der "weiße Turm", der Druckspeicher am H2-Anwenderzentrum h2herten;
Dieter Mende, EEZ Energie Energiewirtschaft Zukunftsenergien

Wer mag investieren in eine Zukunft mit einer sehr großen Verunsicherung?
Wer mag investieren in die Energiewende?

Welcher Teil der Bevölkerung in der BRD soll investieren mögen in die Umsetzung der Energiewende, wenn bewusst verunsichernde Aussagen über die zuvor benannten Treiber zur Umsetzung der Energiewende verbreitet werden?

Die Treiber zur Umsetzung der Energiewende sind bekannt mit:
+ dem Ausbau der Erzeugung regenerativer Energien,
+ zeitgleich die Verringerung der fossilen Brennstoffe.
+ Energienetze werden flexibel mit der Sektoren-kopplung elektrischer Strom, Wärme, Gase-Produkte, Kraftstoff-Produkte,
+ durch den die Sektoren koppelnden Energieträger Wasserstoff.
+ Die Erhöhung der Energieeffizienz,
+ zeitgleich die Entwicklung von Komponenten und von Geräten mit geringerem Energieverbrauch.

Mit Blick auf diese Punkte entsteht große Verwunderung, warum diese Erfolge versprechenden Treiber einer zukunftsfähigen Infrastruktur in der Energiewende noch nicht geführt haben in die Umsetzung.

Nicht nur die Protest-Bewegung Fridays-For-Future hatte den damaligen Bundeswirtschaftsminister Peter Altmaier ausgemacht als Motor einer knallharten Lobby-Politik.

Wird die deutsche Wirtschaft überholt mit dem Blick auf den Jobmotor Energiewende? Es wäre nicht das erste Mal.

Die Hybrid-Technologie wurde in Deutschland entwickelt, wurde von der deutschen Industrie (bewusst?) völlig falsch bewertet und erst ab dem Zeitpunkt integriert in die Systeme, nachdem die Märkte in Asien mit der Hybrid-Technologie vorangegangen sind.

Erst dann, wenn für die Menschen die Aussagen zur Energiewende sichtbar werden mit deren Umsetzungen durch die Industrie und die Wirtschaft, Umsetzungen, welche das Erreichen der Klimaziele ermöglichen, kann das Vertrauen der Menschen folgen.

Der Markthochlauf der Zukunftsenergien, zu denen auch der Wasserstoff gehört, wird erfolgreich sein mit der Wiedererkennung in der ganzheitlichen Betrachtung; flankiert durch ein pro-aktives Energiewendemarketing. Wie wichtig ein pro-aktives Marketing ist, zeigt sich an den Erdgasfahrzeugen.

Das Marketing für Erdgasfahrzeuge ist nicht einfach nur schlecht gewesen, es hat gar kein erkennbares Marketing für Erdgasfahrzeuge gegeben. Die Erdgasfahrzeuge sollten als Brückentechnologie der erste Schritt sein in die Energieeffizienz, entwickelt von der Automobilindustrie zur Technologieverfestigung der Verbrennermotoren in den Märkten.

Vernachlässigt wurde das Erklären der Absichten und der Ziele, so dass die Intention dahinter nicht verstanden werden konnte.

Zugleich waren die berechtigten Zweifel an dem Konzept der Erdgasfahrzeuge zu keiner Zeit beantwortet worden seitens der Automobilindustrie, so dass keine Akzeptanz entstehen konnte.

Noch nie, das gilt nicht nur für Deutschland, haben sich Markttendenzen ergeben allein heraus aus den technischen Entwicklungen. Immer hat es mit Blick auf erfolgreiche Märkte zu Beginn eine Akzeptanzbildung gegeben; sei es aus einem Mainstream heraus, sei es aus einer Notwendigkeit heraus.

Ohne Akzeptanzbildung durch ein geeignetes Marketing sind die Potenziale zu keiner Zeit aus den Nischenmärkten herausgekommen.

Mit Blick auf die Energiewende verhält es sich umgekehrt. Hier gibt es seitens der Menschen nicht nur in Europa eine sehr hohe Akzeptanz; in diesem Fall ausgelöst durch die umweltpolitische Notwendigkeit. Hier sind es die Industrie, die Wirtschaft, welche die Chancen bisher nicht konsequent umgesetzt haben.

Es war jedoch immer schon so, dass eine erfolgreiche Industrie und Wirtschaft rechtzeitig die Zukunftschancen integriert hat in die aktuellen Felder der Märkte.

Es können somit nicht allein fehlende konsequente Vorgaben seitens der Politik sein, wie von der Industrie und der Wirtschaft oft bemängelt, dass die Umsetzung der nötigen Schritte in die Energiewende nicht erfolgt sind.

Diese widersprüchlichen Aussagen seitens der Industrie und Wirtschaft sowie seitens der Politik haben die Umweltverbände schon seit vielen Jahren angemerkt; begegnet ist die Industrie, ist die Wirtschaft dem aber nicht mit einer erklärenden Position, was ein Miteinander ermöglicht hätte im Sinne der Umsetzung der Klimaziele. Begegnet ist die Industrie, ist die Wirtschaft den Aussagen seitens der Umweltverbände mit der Beauftragung von Studien, welche in deren Ausgangsformulierung nicht selten den Zweck verfolgt haben, dass die Ergebnisse der Studien mit deren unvollständigen Betrachtungen der Zusammenhänge eine Verunsicherung auslösen soll bei den Menschen.

Mit Blick auf diese erkennbaren Zusammenhänge, welche der Energiewende nicht die notwendigen Rahmenbedingungen ermöglichen, wird deutlich, dass im Verlauf des Wahlkampfes zur Bundestagswahl 2021 die Menschen den Ausführungen derer, die 2021 für die Energiewende politisch zuständig waren, nicht mehr folgen wollten.
Das Wirtschaftsministerium, geführt von der CDU, hatte erkennbar agiert gegen die formulierten Ziele des Umweltministeriums, geführt von der SPD,
Ja, die Energiewende ist nicht trivial, das haben die Menschen in Deutschland erkannt. Umso mehr schauen viele Menschen sehr genau, wem sie die drängenden Umsetzungen für das Erreichen der Klimaziele anvertrauen. Mit Blick auf die Auswirkungen des Klimawandels, sowie mit Blick auf die Umweltprobleme gibt es für die Menschen in Deutschland keinen erklärbaren Grund für eine weitere zögerliche Umsetzung der Energiewende.

Die Steinzeit ging nicht zu Ende, weil es keine Steine mehr gab und der Einstieg in die Wasserstoffindustrie kommt nicht erst, wenn es kein Öl mehr gibt.

Bei der Umstellung der Energieversorgung hin zu einer Wasserstoffenergiewirtschaft wird oft von einem Zeitraum von ca. 50 Jahren gesprochen; als Erfahrungswert wird die Umstellung von der Kohle auf das Erdöl mit dem Erdgas herangezogen. Man darf dabei aber nicht übersehen, dass, wenn die Industrie von einer Umstellung spricht, von folgender Situation ausgegangen wird:

+ Versorgungssicherheit zu jedem Zeitpunkt an möglichst jedem Ort
+ Eine flächendeckende Infrastruktur:
    + dem Lieferanten stehen ausreichend Vertriebs-möglichkeiten zur Verfügung,
    + der Kunde kann an jedem Ort zwischen den Produkten wählen,
+ ein wirtschaftlicher Energiepreis.

Der wohl alles entscheidende Aspekt unserer Abhängigkeit von den fossilen Energieträgern:
Ab welchem Zeitpunkt, unter Berücksichtigung verschiedener Verbrauchsentwicklungen, die Produktion der fossilen Energieträger den Energiebedarf nicht mehr decken kann.

Oft unterschätz wird der Energiebedarf in Deutschland mit dem Blick auf die Wärme; in der BRD werden mehr als 50% des Energieverbrauchs für die Erzeugung von Wärme genutzt.

Auch mit dem Blick auf die Wärme kann der Energieträger Wasserstoff mit Power-to-Heat technische Lösungen bieten; vermutlich nicht, wie beim Erdgas in jedem Haus, aber in den Quartierslösungen.

Eine zukunftsfähige Energieversorgung mit der wichtigen Versorgungssicherheit baut darauf, dass frühzeitig neue Technikoptionen marktreif und zugleich wirtschaftlich sowie umweltfreundlich zur Verfügung stehen; dies mit dem Ziel der Klimaneutralität.

Nach der vermehrten Stilllegung von Bergwerken ist das Interesse an dem Grubengas als mögliche zusätzliche Energiequelle ständig gewachsen. Auch nach der Beendigung des Bergbaus entweicht aus alten Bergwerken mehr als 120 Mio. Normkubikmeter (Nm^3) Grubengas pro Jahr ungenutzt in die Atmosphäre.

Der hieraus folgende Gasdruckabfall führt wiederum zu der Freisetzung des adsorptiv gebundenen Gases.

Dieser Effekt ist mit einer Sektflasche vergleichbar, bei der, ist einmal der Korken entfernt, die Kohlensäure solange perlt, bis keine mehr vorhanden ist.

Bundesweit werden in Bergwerken 1,5 bis 1,7 Mrd. Nm^3 Grubengas pro Jahr freigesetzt.

Der Methan-Gehalt (CH_4) des Grubengases beträgt ca. 70%. Der Vergleich der in der BRD klimarelevanten Emissionen macht deutlich, dass die Nutzung des Grubengases auch als Brückentechnologie, als Speicher für den Wasserstoff, wichtig werden kann.

Die Bundesstatistik über klimarelevante Emissionen in der BRD pro Jahr:

+ Bergbau: 568.359 [t/a] CH_4
+ Nutztierhaltung: 22.300 [t/a] CH_4
+ Abfalldeponie: 183.295 [t/a] CH_4
+ Abwasserreinigung: 107.280 [t/a] CH_4

Egal, ob die Abschaltung von Kraftwerken politisch motiviert ist, oder ob die Abschaltung von Kraftwerken alterungsbedingt erfolgen soll, die bestehende Infrastruktur mit dem Blick auf die Netze und auf die Gebäude hat sehr viel Zukunftspotenzial.

Eine reelle Chance für die Brennstoffzelle in Kraftwerken findet sich mit dem Blick auf Brennstoffzellentypen mit einer sehr hohen Betriebstemperatur (Hot-Module), da somit auch die Kunden der Nahwärme weiter beliefert werden können.

Allein die vier größten japanischen Automobilunternehmen investieren pro Jahr 700 Millionen Euro eigene Mittel in die Serienreife der Brennstoffzellenantriebe.

Hier schließt sich ein sehr wichtiger Kreis; wir kommen auf das Thema Humankapital.

Klartext:
Die Gegner der Energiewende und der Mobilitätswende einfach einmal beim Wort genommen und entlarvt; incl. der AKW- und E-Fuels-Nebelkerzen.

Wir gehen gedanklich 100 Jahre zurück in das Jahr 1924 und wir kommen an in der Weimarer Republik; wirtschaftlich war die Reichsmark neu eingeführt und mit den innovativen Entwicklungen wurden Chancen vorgestellt, die sogleich viele sehr laute, intervenierende Stimmen hervorgerufen haben:

Aus dem von Carl Benz im Jahr 1883 gegründeten Automobil und Maschinenbauunternehmen Benz & Cie ist in dem Jahr 1926 durch die Fusion mit der Daimler-Motoren-Gesellschaft entstanden, die Daimler-Benz-AG, die heute den Namen Mercedes-Benz Group AG trägt.

Bild:
In der Elektromobilität ergänzen die Fahrzeuge mit Batterie und die Fahrzeuge mit Wasserstoff einander, wie in der Verbrennermobilität die Fahrzeuge mit Benzin- und mit Diesel-Motor einander ergänzen; Dieter Mende, EEZ

Im Jahr 1924 sollte sich das Auto mit Verbrennungsmotor anbieten als Revolution gegenüber den Pferdekutschen.

Die innovative Intention dahinter war, dass die Autos mit Verbrennungsmotor die Chancen und die Möglichkeiten der Massenmobilität fördern und dass mit dem Ausbau ein gesellschaftlicher Wohlstand entsteht.

Die Gegner der Autos mit Verbrennungsmotor, zudem auch die Lobby der Pferdekutschen haben dagegen interveniert, dass:

+ die Autos mit Verbrennungsmotor einen Kraftstoff benötigen, der zu teuer ist, dass die Pferde überall unterwegs Gras und Wiesen vorfinden können.
+ die Autos mit Verbrennungsmotor befestigte Wege, Straßen benötigen, deren Herstellung sehr viel Geld kostet und dass die Pferde mit den Kutschen wie zuvor mit den Feld- und Waldwegen zurechtkommen.
+ dass mit den erreichbaren Geschwindigkeiten bei den Fahrern die Gefahr der Ohnmacht bestehe.

Zahlreiche Geschäftsleute haben sich abgewendet von der Idee des Autos mit Verbrennungsmotor aufgrund der zu der Zeit avisierten Kosten für den bau von Straßen.

Dennoch, trotz aller intervenierender Lobby-Stimmen gegen das Auto, ist ein global boomender Erfolg daraus geworden. Es hat sich damals gezeigt und es zeigt sich heute, dass die Innovationen immer wieder Gegner haben, Gegner, die aus den Reihen der aktuellen Geschäftsfelder kommen mit dem Ziel deren maximalen Wertschöpfung.

Die Innovationen haben das Potenzial, mit den aktuellen Geschäftsfeldern in die Konkurrenz zu gehen. Wir schauen einmal genauer hin und wir versetzen uns in die Ausgangssituation:

Wenn Ihnen seitens der intervenierenden Pferde-Lobby gesagt worden wäre, dass Deutschland in den kommenden einhundert Jahren insgesamt 2,1 Billionen Euro investieren will, allein in den Bau von Straßen, die Summe aufgesattelt und somit erheblich höher als 2,1 Billionen Euro inclusive dem Bau der Park- und der Verkehrsinfrastruktur, wie z.B. die Schilder und die Ampelanlagen, um die Entwicklung der Autos mit den Verbrennungsmotoren zukunftsfähig voranzubringen, hätten Sie diese Ziel als richtig und wichtig eingestuft?

Laut dem Bundesministerium für Digitales und Verkehr ist das deutsche Straßennetzes Ende des Jahres 2023 etwa 830.000 km lang und im Ergebnis hat sich gezeigt, dass man immer ganzheitlich betrachten muss, nicht wie die intervenierende Lobby nur detailliert, denn der ganzheitliche Blick zeigt auch die sich aufrechnenden Vorteile mit den Autos und die wirtschaftliche Kaufkraft, die ermöglicht worden ist mit den Kraftfahrzeugen.

Deutschland liegt heute in dem Zentrum der europäischen Warenströme und den wirtschaftlichen Erfolg hat in der BRD tatsächlich auch die Mobilität ermöglicht.

Soweit der Blick auf die vorangegangene Mobilitätswende, jetzt schauen wir auf die vorangegangenen Energiewenden.

In dem Buchverlauf wurde mit der Seite 42 bereits angerissen, dass diese Energiewende nicht die erste Energiewende ist. Mit jeder vorangegangenen Energiewende wurde durch die Lobby der aktuellen Geschäftsfelder bei den Menschen die Angst vor dem Neuen, vor dem Erfolg versprechenden erzeugt; dies mit dem Ziel der maximalen Wertschöpfung der aktuellen Geschäftsfelder und mit dem Ziel des Verhinderns, zumindest des Ausbremsens des Neuen und des Erfolg versprechenden, innovativen Pfades.

Die erste Energiewende, von dem Verbrennen des Holzes, hin zu dem Verbrennen der Kohle, war für die Menschen oft nicht greifbar; die Wälder mit den Baumbeständen konnten die Menschen sehen und die Menschen konnten sich ein Bild davon machen, dass der Rohstoff Holz nachwächst.
Die Kohle war verborgen unter der Erde und nicht wenige Menschen kannten die Kohle von den Berichten, aber noch nicht mit der Förderung bis hin zu der Nutzung.
In einer solchen Ausgangssituation ist das Erzeugen von Ängsten bei den Menschen leicht gewesen; dies zudem, weil die intervenierenden Stimmen gegenüber dem Neuen nicht selten von studierten Menschen gekommen sind.

Es wurden Ängste erzeugt durch die Behauptungen, die mangels bisheriger Erfahrungen gar nicht sogleich entkräftet werden konnten. So wurde z.B. behauptet, dass Deutschland mit der Wende von dem Verbrennen des Holzes, hin zu dem Verbrennen der Kohle, der wirtschaftliche Untergang bevorstehen würde, weil es aus statischen Gründen angeblich gar nicht möglich sei, dem Untergrund derart viel Kohle zu entnehmen, so dass der Brennstoff

Kohle gar nicht genügen kann für die gesamtdeutsche Wirtschaft. Es wurde zudem behauptet, dass der massive Abbau der Kohle sogar einen sehr großen Einfluss nehmen kann auf die Tektonik der europäischen Erdplatte, was im Ergebnis zu schwersten Erdbeben auch in Deutschland führen könne, dass diese Entwicklungen den Vulkanismus in Europa auslösen könne.

Die bewussten Falschmeldungen seitens der Lobbyarbeit der Holzwirtschaft haben dennoch nicht die Innovation verhindern können, weil der zunächst regionale, später dann der überregionale Erfolg mit der Kohle sichtbar wurde.

Die zweite Energiewende, von dem Verbrennen der Kohle, hin zu dem Verbrennen des Erdgases, war wieder für die Menschen oft nicht greifbar; das Erdgas war als Nebenerzeugnis der Erdölförderung nicht sichtbar.

Auch in dieser Ausgangssituation ist das Erzeugen von Ängsten bei den Menschen leicht gewesen; dies zudem, weil die intervenierenden Stimmen gegenüber dem Neuen nicht selten von studierten Menschen gekommen sind.

Es wurden wieder Ängste erzeugt durch die Behauptungen, die mangels bisheriger Erfahrungen gar nicht sogleich entkräftet werden konnten. So wurde z.B. erneut behauptet, dass Deutschland mit dieser Wende der wirtschaftliche Untergang bevorstehen würde, weil es aus technischen Gründen angeblich gar nicht möglich sei, ein derart großes Gasvolumen, über eine derart große Strecke, mit gleichem Gasdruck anzubieten, so dass es in der BRD genügend und zuverlässig den Brennstoff Erdgas geben kann.

Mit der aktuellen Energiewende, von dem Verbrennen der fossilen Energieträger, hin zu den regenerativ erzeugten Energien, werden seitens der Lobby pro fossile Energieträger wieder Ängste erzeugt, wird wieder behauptet, dass auch Deutschland mit der aktuell angestrebten Wende der wirtschaftliche Untergang bevorstehen würde. Angeblich wären Stromausfälle die unvermeidbare Folge; es wird das Szenario "Dunkelflaute" erzeugt vor dem Hintergrund, dass die Sonne nicht immer gleich scheint und dass der Wind nicht immer gleich wehr, so dass die Energiewende mit der regenerativen Energieerzeugung keine zuverlässige Grundlast vorhalten kann.

So lange es keine ausreichenden Energiespeicher gegeben hat für die überschüssige, regenerativ erzeugte elektrische Energie, die Überkapazitäten, so lange hat die Lobby der zentralen Energieerzeugung mit den Kraftwerken nicht interveniert und die Energieerzeugung mit der Sonne und mit dem Wind sogar als gut benannt, weil die Kleinanwendungen vor Ort in Summe die Emissionsbelastungen mit den Kraftwerken in der gesamtdeutschen Bilanz reduziert haben. Das hat sich geändert, als der Wasserstoff angekommen ist an den Tangenten der Energiewende.

Dass die Lobby pro fossile Energieträger einer ganzheitlichen Betrachtung gegenüber der regenerativen Erzeugung von Energie nicht mehr Stand halten kann, mit dem Blick auch auf den Klimawandel, ist schon länger erkennbar.

Aus diesem Grund agiert die Lobby pro fossile Energieträger trickreicher, indem die Potenziale der Energiewende in den Wettbewerb zueinander gestellt werden, mit dem Ziel der Verunsicherung. Die Verunsicherung soll in Folge zu dem Ausbremsen der Energiewende führen.

Mit genauer Betrachtung wird erkennbar, dass nicht jede Person, die augenscheinlich ein Akteur ist in dem Potenzialraster der Energiewende, tatsächlich auch die Energiewende voranbringen will, sondern, dass vielmehr die Intention des Ausbremsens vorherrscht. Erkennbar ist das mit den Hardcore-Akteuren der Vollelektrifizierung, die mit dem Blick auf die Batterien eine vollständige Wertschöpfungskette vortäuschen, um in Folge die eigentlich einander ergänzenden Potenziale, wie z.B. den Wasserstoff, in Frage zu stellen. Dies wohl wissend, dass wir mit dem Blick auf die Überkapazitäten im Gigawattstundenbereich nicht mehr nur mit den Batterien auskommen können.

Wenn für das Einfamilienhaus die solare Energieerzeugung erfolgreich ergänzt werden kann mit der Energiespeicherung in den Batterien, sieht das mit dem Blick auf die Häuser mit mehreren Wohnetagen schon ganz anders aus, aufgrund des schlechten Verhältnisses der Dachfläche zu der Gesamtanzahl der Bewohner.
Auch haben die ländlichen Strukturen mit weniger Einwohnern, dafür aber mit sehr viel Fläche und mit viel längeren Strecken der Infrastruktur, ganz andere Herausforderungen mit der Energiewende, als die städtischen Strukturen mit vielen Einwohnern auf engerem Raum; in den Ballungszentren sowieso.

Die Quartierslösungen Wohnen haben andere Herausforderungen mit dem Blick auf die Strukturen, als die z.B. die Quartierslösungen Gewerbe und die Quartierslösungen in der Industrie.

Im Ergebnis ist bei genauer Betrachtung an den Tangenten:
+ der Energiewende,
+ der Wärmewende,
+ der Mobilitätswende,
+ des Klimawandels,
nicht die eine Technologie wichtig und richtig, sondern vielmehr sind es die einander ergänzenden Potenziale mit dem Blick auf:
+ das Technologie-Know-how,
+ das Infrastruktur-Know-how,
+ das Energie-Know-how,
+ das Speicher-Know-how,
+ die Sektoren-Kopplung mit Power-to-X.

<u>Wenn Sie jetzt einmal die hier genannten, in der jeweils vorangegangenen Energie- und Mobilitätswende erzeugten Ängste betrachten und vergleichen mit den Ängsten, die mit dem Blick auf die aktuelle Energie- und Mobilitätswende erzeugt werden sollen, dann zeigt sich ein wiederholendes Muster; in diesem Fall ausgelöst von der Lobby pro fossile Energieträger.</u>

Nicht nur der Blick auf die Batterien wird missbraucht von der Lobby pro fossile Energieträger, sondern auch der Blick auf die Atomkraftwerke und auf die E-Fuels.

Mit dem Blick auf die Atomkraftwerke wird von der AKW-Lobby ein komplett falsches Bild gezeichnet, indem die Kosten für den Ausbau der regenerativen Energieerzeugung bewusst viel zu hoch beziffert werden, indem die Kosten mit dem Blick auf die Lagerung des strahlenden AKW-Mülls, die Ewigkeitskosten, bewusst ignoriert werden und gar nicht auftauchen in der Bezifferung.

Zudem haben wir mit der Energiewende gar keine Probleme mit der Erzeugung der elektrischen Energie, sondern wir haben eine Herausforderung mit dem Blick auf die Wärme, denn etwa 52% der erzeugten Energie entfällt auf den Wärmesektor. Die Atomkraftwerke haben keinen Beitrag bei der Wärmeerzeugung und sind mit der ehrlichen Betrachtung die teuersten und gefährlichsten Anlagen für die Erzeugung der elektrischen Energie.

Ich empfehle jeder Person, die tatsächlich noch die Stromerzeugung mit den Atomkraftwerken thematisiert, einmal in dem Ort, in dem die Personen wohnen, den Bau eines Atomkraftwerks vorzuschlagen, oder eine Lagerstätte für den strahlenden Atommülls. Ich bezweifle sehr, dass diese Person dafür als Ehrenbürger*in vorgeschlagen wird und ich bezweifle sehr, dass diese Person dafür als Bürgermeisterkandidat*in vorgeschlagen wird.

Zu Recht wird mit dem Blick auf die Atomkraftwerke von einem "toten Pferd" gesprochen, denn von der Entscheidung für den Bau eines AKW bis zur Inbetriebnahme vergehen 20 bis 30 Jahre. Bis dahin ist die globale Förderung der spaltbaren Stoffe bereits nahe der Endlichkeit und im Ergebnis sind die Gesamtkosten nochmals höher.

E-Fuels können zu Recht als politische Nebelkerze gesehen werden, weil die Erzeugung von E-Fuels nicht nur sehr kostenintensiv ist gegenüber dem aktuellen Benzin oder dem Diesel.
E-Fuels könne zudem aufgrund der Prozessführung in den technischen Anlagen gar nicht in ausreichender Menge hergestellt werden.

Somit ist das Bestreben pro E-Fuels angesiedelt bei einer eher kleinen Personengruppe, um z.B. an einem sonnigen Tag den Oldtimer spazieren zu fahren; damit ist für die gelegentliche Kurzstrecke der zu erwartende Preis bei vier bis fünf Euro pro Liter zu sehen als Investition in ein Hobby, damit ist aber der wirtschaftliche Nutzen mit dem Blick auf die täglichen Anforderungen nicht finanzierbar.
Hinzu kämen dann auch noch die Auswirkungen an den Märkten durch das Verhältnis Angebot und Nachfrage, weil mangels technisch herstellbarer, ausreichender Menge die Kosten für die E-Fuels pro Liter sehr schnell in den zwei-stelligen Kostenbereich steigen würden.

Somit ist das Bestreben pro E-Fuels angesiedelt bei einer eher kleinen Personengruppe, der die Kosten für den Betrieb und für den Unterhalt des eh schon sehr teuren Sportwagens komplett egal ist aufgrund einer finanziell wohligen Ausgangssituation.

Grundsätzlich ist zu unterscheiden zwischen klimafördernd und klimaneutral; E-Fuels haben keinen reduzierenden Beitrag mit dem Blick auf die Reduzierung der Auswirkungen durch den Klimawandel.

Gerne taucht in den tatsächlich zum Teil hitzigen Gesprächen um die Energiewende + Wärmewende + Mobilitätswende seitens der Bremser mit dem Blick auf das Ziel im Jahr 2050, auch mit dem Blick auf die Kosten eine Bezifferung auf, die für die Menschen in der Darstellung als untragbar gezeigt werden sollen. Bisher verfängt die Erzeugung der Ängste um die Finanzierbarkeit bei den Menschen, aber, wenn man sich vor Augen führt, welche Summen bisher zum tragen kommen, dann wird der große Erfolg der Energiewende + Wärmewende + Mobilitätswende erkennbar:

+ die aktuelle Subventionierung z.B. der Kraftstoffe, wie das Benzin, wie der Diesel, wie das Kerosin, basierend auf den fossilen Energieträgern, dann ist das mit dem Übergang der Subventionierung hin zu den zukunftsfähigen Energieerzeugungen in dem Potenzialraster der Energiewende + Wärmewende + Mobilitätswende gar keine Kostensteigerung; eher eine Kostenreduzierung.

+ Das Technologie-Know-how + das Infrastruktur-Know-how + das Energie-Know-how + das Speicher-Know-how + die Sektoren-Kopplung mit Power-to-X haben in Summe zu dem global boomenden Job-Motor geführt, welcher den Kosten für die Energiewende + Wärmewende + Mobilitätswende entgegen wirkt.

+ Das Ergebnis mit dem Blick auf die Versicherungen hat ergeben, dass die Kosten durch die Auswirkungen mit dem Klimawandel um den Faktor 10 bis 20 höher ausfallen, als für die Energiewende + Wärmewende + Mobilitätswende + Renaturierung zusammen.

Im Ergebnis der Betrachtung der einander ergänzenden Zusammenhänge steht, dass wir uns nicht verrückt machen lassen von den oft falschen und abstrakten Zahlen, welche uns die Lobby pro fossile Energieträger beziffert mit dem Ziel des Ausbremsens, mit der Erzeugung von Ängsten.

Bild:
Es gibt mit dem ganzheitlichen Blick auf:
+ **die Energiewende,**
+ **die Wärmewende,**
+ **die Mobilitätswende,**
+ **die Renaturierung,**
zur Reduzierung der Auswirkungen durch den Klimawandel, nicht nur DIE EINE Technologie; vielmehr ergänzen die technischen Chancen und Möglichkeiten einander; Dieter Mende, EEZ Energie Energiewirtschaft Zukunftsenergien

Das Humankapital

Die für die Produktionsbetriebe nötigen Facharbeiter*innen sind in Deutschland durch den starken Rückgang der Kohle-Schwerindustrie auf dem Arbeitsmarkt verfügbar.
Die aktuelle Herausforderung der Wirtschaft besteht in der Bereitstellung geeigneter Ausbildungsplätze und in der geeigneten Um- und Weiterbildung der Mitarbeiter*innen.

Ein Erfolg der deutschen Industrie in dem internationalen Wettbewerb hängt ganz entscheidend ab von dem Beginn und von dem Tempo der Transformationsprozesse in allen betrieblichen Strukturen, was den Kooperationswillen und die Umformung der betrieblichen Weiterbildung voraussetzt.

Noch vor zwanzig Jahren waren Skepsis und die zögerliche Haltung der Industrie gegenüber den Wasserstofftechnologien mit fehlender Risiko- oder Innovationsbereitschaft benannt worden. Allenfalls der Umweltschutz und eine angestrebte Etablierung der eigenen Technologien im Potenzialraster der einsetzenden Diskussion zur Energiewende, haben Unternehmen veranlasst, eine Beteiligung einzugehen an ersten Pilotprojekten.
Heute ist der Wettbewerb in dem Potenzialraster der Energiewende nicht mehr nur eine Strategie, es gilt die Sicherung der Zukunftsfähigkeit der Unternehmen mit Blick auf deren Produkte, mit Blick auf deren Dienstleistungen.
Ausgelassene Chancen in der Übergangszeit hätten den Weg in die Wirtschaft mit dem Energieträger Wasserstoff verkürzen können!

Hier ein signifikantes Beispiel:

Ermittlungen der Hamburger Elektrizitätswerke HEW im Jahr 2007 hatten ergeben, dass mit dem aus primärer und aus sekundärer Kraftwerksregelung gewinnbaren Wasserstoff in der BRD eine Mio. PKW mit Brennstoffzellenantrieb betrieben werden könnten; dies bei der Zugrundelegung, dass die Pkw einen Kraftstoffverbrauch von 10l/100km haben, dass die Pkw eine jährliche Fahrleistung bei ca. 12.500 km haben. Durch die Integration der im Linienverkehr fahrenden Stadtbusse (ca. 7.000 Busse in der BRD), ließen sich noch 3/4 Mio. PKW mit Wasserstoff betreiben. Dies praktisch ohne eine nennenswerte Zunahme der Emissionen bei der Energieerzeugung.

Entscheidend für den Durchbruch neuer Technologien war in der Vergangenheit und ist auch aktuell die Akzeptanz der Märkte.
Heute setzt sich wieder die Produktqualität durch:
+ vorausgesetzt, der Preis ist vertretbar für einen privaten Familienhaushalt,
+ vorausgesetzt, der Betrieb ist im Verhältnis wirtschaftlich.

Der anfangs zögerliche Markteintritt der Handys und Notebooks hatte zu Beginn einen ähnlichen Verlauf, wie der Markteintritt der Brennstoffzellen. Mit der Integration der technischen Möglichkeiten, welche der Energiespeicher Wasserstoff und der Energiewandler Brennstoffzelle bieten, werden die bestehenden Wertschöpfungsketten ergänzt, werden neue Wertschöpfungsketten erschlossen.

Es sind die Wertschöpfungsketten, welche die Handlungs-felder definieren und nicht umgekehrt; dies gilt zugleich auch mit dem ganzheitlichen Blick auf die Potenziale der Energiewende.

Wenn Ihnen jemand sagt, Sie/Er könne Ihnen innerhalb von wenigen Minuten die Energiewende erklären, dann sollten Sie äußerst skeptisch sein.
EU-/Bundes-/Landesweit denken und vor Ort handeln ist kein Widerspruch, sondern vielmehr dynamische Energiepolitik.

Bild:
Der Jobmotor Energiewende: das Technologie-Know-how, das Infrastruktur-Know-how, entstehend mit der Energiewende, ist in Deutschland und ist global gefragt; Dieter Mende, EEZ Energie Energiewirtschaft Zukunftsenergien

Der Job-Motor Energiewende

Der Job-Motor Energiewende und das Humankapital.

Bilder:
Der Jobmotor Energiewende, das Technologie-Know-how, das Infrastruktur-Know-how, entstehend mit der Energiewende, ist in Deutschland und ist global gefragt; Dieter Mende, EEZ Energie Energiewirtschaft Zukunftsenergien

Dem Autor Dieter Mende hat mit Blick auf den Auf- und auf den Ausbau der zukunftsfähigen Infrastruktur mit dem Energiespeicher Wasserstoff die ganzheitliche Betrachtung geholfen; Netze werken in und mit Netzwerken (Fokus: EU), Clustermanagements (Fokus: BRD):

+ Neue Strukturen, Partnerschaften, Kundenstämme erkennen, planen und umsetzen
  + Konstruktion
  + Entwicklung
  + Aufbau
  + Umsetzung
  + Begleitung
  + Unterstützung
+ Alte Strukturen, Partnerschaften, Kundenstämme erreichen, bewerten und optimieren
  + Erhaltung
  + Modernisierung
  + Umbau
  + Umsetzung
  + Begleitung
  + Unterstützung
+ Kräftefelder: Beobachtung, Auslotung, Aktualisierung
  + Ziele:
    + Zielgruppen
    + Feinziele
  + Organisationen:
    + Beteiligte
    + Strukturen
  + Managements:
    + Steuerungsgruppen
    + Innovative Arbeitsteams

- + Aufgaben
- + Kompetenzen
- + Strukturplan:
  - + Zielschätzung
- + Kräftefelder:
  - + Akteure: aktiv: pro
  - + Akteure: aktiv: contra
  - + Akteure: passiv
- + Bezüge zu anderen Projekten:
  - + Konsequenzen
  - + Strukturplan
  - + Netzwerke
- + Markttendenzen:
  - + Einschätzung innerhalb der EU:
    - + Märkte in den nächsten 10 Jahren
    - + Mittelfristig bis 2035
    - + Langfristig bis 2050
- + Projekt-Management (Fokus: NRW und BRD)
  - + Erschließung der Märkte

Die interfraktionellen Aussagen der Politiker zeigen bereits heute: Mittel- bis langfristig wird sich der Wasserstoff auf jeden Fall als Energiespeicher durchsetzen.

Wasserstoff ist völlig unabhängig von der Mineralölindustrie.
Die Perspektive für die Zukunft ist die direkte Nutzung von Wasserstoff. Die Zusammenfassung der Kernaussagen zeigt, dass die Entwicklungspotenziale in Nordrhein-Westfalen zahlreich sind und ein fundiertes Know-how in den Unternehmen ebenfalls zahlreich vorhanden ist.

Mit Blick auf die Suchmaschinen im Internet erscheint zu dem gesuchten Begriff Humankapital sogleich die Erklärung, dass es sich bei Humankapital um die Gesamtheit der wirtschaftlich verwertbaren Fähigkeiten der Mitarbeiter handelt, um die Kenntnisse und die Verhaltensweisen von Personen oder Personengruppen in einem Betrieb.

Setzt man den Blick ein bisschen weiter und schaut genauer, dann wird deutlich, warum der Begriff Humankapital völlig zu Recht das Wort Kapital beinhaltet.
Die genauere Betrachtung macht zum einen deutlich, warum gerade das Humankapital wichtig ist für das Gelingen der Energiewende; die genauere Betrachtung macht zum anderen deutlich, dass die Energiewende ein Jobmotor ist, welcher tatsächlich exponentiell die Beschäftigungszahlen von Arbeitskräften wachsen lassen kann.

Mit dem Energiespeicher Wasserstoff in der Energiewende zeichnet sich in den Märkten eine Entwicklung ab, wie wir diese bereits exponentiell wachsend kennen mit der Telekommunikation, mit der Robotik oder mit den Mikrotechnologien.

Die Wachstumswirkung der exponentiell wachsenden Märkte basiert nicht allein auf der Investitionsbereitschaft der Unternehmen und/oder der Dienstleister, die Wachstumswirkung der exponentiell wachsenden Märkte basiert zumindest in gleicher Wertigkeit auf dem "inneren Drive" der Mitarbeiter, welche das Unternehmen mit den unternehmerischen Zielen voranzubringen.

Dabei kommt ergänzend die Erkenntnis zum Tragen, dass Erfolg richtig Spaß machen kann, wenn alle Beteiligten gerecht den Erfolg genießen können/dürfen.

Eine Wertschätzung der innovativen, der motivierten Mitarbeiter durch die Geschäftsführung zeigt sich durch eine gerechte finanzielle Beteiligung, wie vielleicht auch durch Erfolgsausschüttungen.

Auch in der Vergangenheit sind motivierte Mitarbeiter oft der Auslöser gewesen für die betrieblichen Erfolge.

Die Energiewende hat bereits jetzt mit dem Start gezeigt, welche Dynamik möglich werden kann. Die Energiewende, der Klimawandel und der Umweltschutz sind untrennbar voneinander zu betrachten und lösen mit der Umsetzung eine Anforderung aus, welche nicht nur Flexibilität für die Anwender der Zukunft bedeutet, welche auch Flexibilität der Mitarbeiter in den Unternehmen bedeutet mit Blick auf anstehende Zusatzqualifikationen. Die Energiewende wird auch den einen oder anderen Job transformieren in eine angepasste Beschäftigung, die Energiewende schafft bereits aktuell weitere, zusätzliche Beschäftigungen.

Ohne den "inneren Drive" der Mitarbeiter in den Unternehmen werden die gesetzten Ziele nicht umsetzbar sein. Ein verstärkt kooperativer Führungsstil der Vorgesetzten ist erkennbar geworden in Unternehmen, welche bereits jetzt tangiert werden von der Umsetzung der Energiewende.

Die Materialforschung war und ist ein wesentlicher Bestandteil der Entwicklung neuer Technologien. Dichtungen, Schläuche, Ventile ... unglaublich viele Kleinstkomponenten sind verbaut, sind integriert in den technischen Anlagen und bestimmen die Prozesse von betrieblichen Abläufen bis hin zu den Produktionen; bestimmen die Ausführungen und die Prozesse der programmierten Maschinen, haben einen wesentlichen Einfluss auf die Wirkungsgrade bei der Erzeugung von Energie.

Starre Karriere-Pfade, wie wir diese vielleicht aus vergangenen Jahren noch kennen, verhindern das innovative Engagement in den Unternehmen, weil die starren Karriere-Pfade von den Mitarbeitern als einengendes Korsett empfunden werden, weil zudem starre Hierarchien in den Unternehmen den Informationsfluss stark reduzieren.

Den Ideenreichtum, die Begeisterung und die Motivation kann man nicht studieren, der Ideenreichtum, die Begeisterung und die Motivation sind Ergebnisse einer Wechselwirkung zwischen den Beschäftigten und der Unternehmensführung.
Die stärkere Vernetzung der Mitarbeiter untereinander, das Interagieren miteinander, erzeugt ein hohes Potenzial mit Blick auf innovative Impulse.

Jetzt wird vielleicht schon etwas deutlicher, dass es sich bei dem Humankapital nicht einfach nur um die Gesamtheit der wirtschaftlich verwertbaren Fähigkeiten der Mitarbeiter handelt, um die Kenntnisse und die Verhaltensweisen von Personen oder Personengruppen in einem Betrieb.
Im Verlauf des Kapitels kommen wir wieder auf diesen Punkt zurück, so dass sich der Kreis schließt.

Die Ressourceneffizienz und die Markttendenzen zeigen berechtigt, dass der Wunsch nach einer Energiewende auch Realität werden kann.

Die Ressourceneffizienz ist mit Blick auf den Energieverbrauch vor allem auch das Bestreben hin zu einem geringeren Energieverbrauch; dies z.B. bei gleicher Arbeitsleistung von Maschinen, dies sowohl mobil, als auch stationär.

Die Ressourceneffizienz kann unterstützt werden durch den bewussteren, sparsameren Umgang mit der Energie, wozu neben der elektrischen Leistung unbedingt auch die Wärme gehört. Die Ressourceneffizienz ist aber auch das Bestreben, dass grundsätzlich weniger Rohstoffe verbraucht werden.

Wohlstand und Bequemlichkeit stehen gar nicht im Widerspruch zu der angestrebten Reduzierung des Rohstoffverbrauchs, vielmehr, das zeigt uns die Vergangenheit, hat Innovation sehr oft geführt zur Gleichzeitigkeit von mehr Ressourceneffizienz und mehr Bequemlichkeit.
Die modernen Autos zeigen im Vergleich zu den Oldtimern, dass die Ressourceneffizienz und die Bequemlichkeit sehr gut zusammengehen.

Zuverlässigkeit, Bequemlichkeit, Wohlstand, manchmal einfach auch nur der Mainstream, sind Auslöser für Markttendenzen.
Das, was aktuell die Markttendenzen beeinflusst, ist das Erkennen der Auswirkungen durch den Klimawandel.

Die Rohstoffrückgewinnung, das Recycling, bekommt eine große Bedeutung mit dem Gelingen der Energiewende.
Dass Billigprodukte im Ergebnis häufiger angeschafft werden müssen mangels Materialqualität und im Ergebnis teurer sind, als die Anschaffung von qualitativ hochwertigen Produkten, dass Billigprodukte im Ergebnis das verstärkte Aufkommen ist von Müll, ist in dem Bewusstsein der Bevölkerung angekommen.

"Geiz ist Geil" wird von den Menschen zunehmend gesehen als Fehlentwicklung; mit dem ursprünglichen Start des Werbeslogans der Kette Saturn im Jahr 2002 hatte sich ein Trend entwickelt, welcher auch den "Ein-Euro-Shops" sehr viel Aufmerksamkeit verliehen hatte.

Das, was dieser Trend im Hintergrund ausgelöst hat, ist die Verdrängung wertiger Waren in den Geschäften und in Folge wurden Waren billig produziert; z.B. in China. Die nachlassende Wertschätzung für Wertigkeit hatte in den Unternehmen ein Bestreben ausgelöst, ebenso günstigere Waren anzubieten, was sogleich in Folge eine Verdrängung von den Arbeitsplätzen ausgelöst hat durch die Geringverdiener*innen.

Unternehmen hatten nicht selten ihre Mitarbeiter als Kostenfaktor, nicht als Humankapital gesehen; aus diesem Missverhältnis konnten keine innovativen Impulse kommen seitens der Mitarbeiter an die Unternehmensleitung.

Dort, wo Billiggeräte bevorzugt sind, kann von einem energiesparenden Einsatz nicht die Rede sein; die verbauten Komponenten in Billiggeräten sind nicht ausgerichtet auf die Energieeffizienz.

Mit der Energiewende hat auch der Blick auf Energieeffizienz eine große Bedeutung bekommen. Wertigkeit, Langlebigkeit und Umweltverträglichkeit sind die treibenden Anforderungen, welche in den Energiemärkten eine Trendwende ausgelöst haben.

Plötzlich waren zunehmend Facharbeiter*innen gefragt; die Unternehmen erkennen ihre Mitarbeiter*innen zunehmend wieder ideenreich und innovativ: die Rückkehr des Humankapitals in der Wahrnehmung der Unternehmer*innen.

Auch bei dem Online Auktionsportal Ebay ist eine Trendwende erkennbar.

Ist noch bis etwa 2011 der Slogan "Drei, zwei, eins, meins" ein Aufruf gewesen für das Erwerben von Gebrauchtware, für das Erwerben von günstiger Ware, von Flohmarktartikeln, wird seitens Ebay seither eine Kehrtwende vollzogen mit dem Fokus auf Angebote eher mit Festpreisen von gewerblichen Händlern.

Wertigkeit, Langlebigkeit und Umweltverträglichkeit werden oft herausgestellt mit Blick auf die Warenmerkmale.

China hat sehr viel Produkt Know-how erhalten in den Jahren der Billig Produkte durch die Produktionsaufträge.
Wertigkeit, Langlebigkeit und Umweltverträglichkeit stehen somit im Wettbewerb mit der Billigware z.B. aus China.
Mit der umweltpolitischen Notwendigkeit hin zur Energiewende haben die Menschen ein Verständnis entwickelt auch für die Nachhaltigkeit.

Grundsätzlich kann beobachtet werden, dass der Jobmotor Energiewende auf dem Arbeitsmarkt eine Trendumkehr ausgelöst hat.
Ideenreichtum, Begeisterung, Motivation der Beschäftigten in den Unternehmen sind wertvolle Impulse für neue innovative Produkte und lösen im europäischen Markt eine Aufbruchstimmung aus.

Es können viele neue Märkte entstehen mit der Energiewende; es sind aber auch die bereits jetzt umsetzbaren Erweiterungspotenziale von außerordentlichem Interesse für die Industrie, für die Wirtschaft, für die Dienstleister und für den Handel.

Mit Blick auf die Reichweite der aktuellen fossilen Energieträger und auf den zunehmenden Handlungsbedarf zur Emissionsverringerung/-vermeidung sind die Energiewirtschaft sowie die Energieeffizienz eine entscheidende Plattform für die wichtigen und richtigen Veränderungen. Eine der wohl interessantesten Branchen des 21. Jahrhunderts ist die Energiewirtschaft.

Ein Anfang der Integration der deutschen in der europäischen Wirtschaft entstand mit der Kohle- und Stahlindustrie: der erste europäische Vertrag über eine Gemeinschaft für Kohle und Stahl (EGKS) wurde am 18. April 1951 verfasst mit Belgien, der Bundesrepublik Deutschland, Frankreich, Italien, Luxemburg und den Niederlanden; dies mit einer Laufzeit von 50 Jahren. Das Ruhrgebiet galt mit den historisch aktiven Industrien als "das Land der zehntausend Feuer."

Mit Blick auf die Stromerzeugung und den Stromverbrauch in der Bundesrepublik Deutschland ist NRW noch heute das Energieland Nr.1. Mit der Innovation der deutschen Energiewirtschaft hatten sich seit 1951 parallel zu der Kohleindustrie auch die konventionellen Energieträger Öl und Gas in den Märkten etabliert.

Die wohl alles entscheidende Rolle eines Energiestandortes, einer Energieregion sind die Fähigkeiten der Energieerzeugung und Energieverteilung mit dem Blick auf wirtschaftlich, effizient, ökologisch, nachhaltig und umweltverträglich.

Sowohl ein exzellentes Umfeld mit Hochschulen und Forschungseinrichtungen, als auch die wirtschaftliche und technische Kompetenz der Unternehmen sind die innovative Basis; mit einer regionalen Wirtschaftsförderung der innovative Motor. Das galt in der Vergangenheit für die klassischen Energien und das gilt auch heute für die Erneuerbaren Energien.

Immer dann, wenn eine Energiekrise auftritt, wird in voller Erwartung nach NRW geblickt. Auch die Gas Krise in der Ukraine zu Beginn des Jahres 2006 hat deutlich gemacht, wie wichtig die Erneuerbaren Energien im Energiemix sind für unsere Energieversorgungssicherheit.

Die Erneuerbaren Energien im Energiemix gewinnen zunehmend an außenpolitischer Dimension und sind aktuelles Thema in der EU.

Die EU strebt eine europäische Energiepolitik an; dies in Verbindung mit der Vollendung des europäischen Binnenmarktes, mit den gesetzten Klimaschutzzielen und mit dem Blick auf Energieversorgungssicherheit.
Das sind die sehr großen Herausforderungen im Energiebereich, die gemeinsame europäische Lösungen erfordern.

Die Hybrid-Technologie wurde in Deutschland entwickelt, wurde von der Kfz-Industrie in der BRD völlig falsch eingeschätzt mit Blick auf deren Bedeutung und nicht integriert in die Systeme. Im asiatischen Raum wurde von der Kfz-Industrie diese Hybrid-Technologie übernommen.

Mit dem Toyota Prius ist das erste serienmäßige Hybrid-Fahrzeug auf den Markt gekommen, in welchem ein üblicher Verbrennungsmotor kombiniert ist mit einem Elektroantrieb und einem modernen Batteriesystem.
Fehler dieser Art dürfen mit Blick auf die technischen Möglichkeiten, welche die Energiewende bietet, nicht wiederholt werden!

Der Jobmotor Energiewende bringt neben den erweiterten Produkten auch viele neue Produkte und Dienstleistungen in die Märkte.

Die Stärken und Schwächen eines Start-up Unternehmens mit den Wasserstoff- und Brennstoffzellentechnologien müssen der Prüfung einer zukunftsfähigen Energieinfrastruktur Stand halten, um Chancen auszubauen und um Erfolg versprechende Verbundprojekte als Alleinstellungsmerkmal herauszustellen.

Das erarbeitete Profil eines Start-up Unternehmens ist die Handlungsempfehlungen und die Definitionen der sinnvollen Beiträge mit dem Ziel des Auf- und Ausbaus der Infrastruktur.

Es hilft tatsächlich nicht allein der Versuch, wie zuvor in dem Buchverlauf gezeigt, so genannte Leitunternehmen an einem Standort zusammenzuführen in der Hoffnung, dass sich daraus ein Erfolg einstellt mit Blick auf wichtige Beiträge in der Energiewende.
Im Umkehrschluss werden die Standortanforderungen erfasst für die Akquise von Projektpartnern, für die Clusterbildung.
Das Erarbeiten von Alleinstellungsmerkmalen beinhaltet das Erfolgspotenzial eines regionalen Nukleus.

Entlang der Wertschöpfungskette von der Brennstoffzellenproduktion bis zu den Anwendungen, inklusive der Anforderungen der Brennstoffinfrastruktur, sind die Nischenprodukte und die Spezialanwendungen in den frühen Märkten nachhaltig zu positionieren.
Darüber hinaus ist die Herausstellung der Kompetenzen bezüglich der Dienstleistung und des Service von großer Bedeutung, damit einer anfänglichen Skepsis entgegengetreten werden kann.

Die innovativen Identifizierungsverfahren mit Blick auf sinnvolle Beiträge in der Energiewende können für die Unternehmen einen Wettbewerbsvorsprung generieren.

Nachhaltige Handlungsfelder haben Erfolgsperspektive.
Sowohl die Technologie- und auch die Marktpotenziale, sowie die Erwartungen an die Märkte bezüglich des Wachstums, sind oft nicht nachhaltig ohne die Integration in das Potenzialraster der Energiewende der BRD/der EU.

Was hat die Energiewirtschaft bisher davon abgehalten, den Energiemärkten mit dem Wasserstoff einen umweltfreundlichen Energieträger bereitzustellen?

Dass die Ressourcen der Mineralölindustrie knapp werden, das ist keine neue Botschaft. Der Prozess einer Brennstoffzellenanwendung ist frei von Umweltemissionen. Die angestrebte Dekarbonisierung ist abhängig von dem eingesetzten Brennstoff. Die Betriebswärme der Brennstoffzelle ist nutzbar und entsteht ohne Abgase. Der Energieträger Wasserstoff hat eine sehr hohe Energiedichte.

Warum hat die Energiewirtschaft bisher das Erfolgspotenzial des Wasserstoffs als Speicher für regenerativ erzeugte Energien mit Blick auf die Versorgungssicherheit vernachlässigt?

Es hat viele Jahre noch keine Zwänge für die Industrie gegeben bezüglich des Umdenkens.
+ Erfindungen sind seltener in der Großindustrie zu finden, eher in den Klein- und mittelständischen Unternehmen.
+ Wasserstoff kommt in der Natur nicht isoliert vor.
+ Die Umweltbilanz des Wasserstoffs aus fossilen Energieträgern ist schlecht, da Wasserstoff oft noch ein Abfallprodukt anderer Produktionsketten gewesen ist.
+ Die schwindenden Ressourcen der fossilen Energien wurden zu wenig beachtet.
+ Der Treibhauseffekt, der Klimawandel mit den globalen Folgen wurden mit der Kohle-Lobby in Frage gestellt.
+ Eine vollständige Betrachtung der Möglichkeiten umweltfreundlicher Energieerzeugung hat gefehlt.

Die zentrale Frage, wie eine zukunftsfähige Energieversorgung aussehen kann, ist mit der umweltpolitischen Herausforderung in das Bewusstsein auch derjenigen gerückt, welche sich bislang nicht mit dieser Fragestellung beschäftigen wollten.

Mit der Fragestellung nach der Energieversorgungssicherheit im aktuellen Dialog der Energiewende, mit der Fragestellung nach den technischen Möglichkeiten und den Bemühungen bezüglich einer zukunftsfähigen Energieinfrastruktur, mit der Fragestellung nach dem Stand und nach den Ergebnissen der Projektentwicklungen, mit der Fragestellung nach den Erwartungen auf der Zeitschiene bis zur Einführung neuer Energieträger, zu denen auch der Wasserstoff gehört, haben sich die regionalen Nuklei beschäftigt und können wertvolle Ergebnisse präsentieren.

Das Wasserstoff-Anwenderzentrum h2herten zeigt mit dem EKS Energie Komplementär System die ganzheitliche Betrachtung der Energiewende und zeigt, dass und wie die Energiewende zum Erfolg geführt sein kann.

Die dezentrale Energieversorgung ist für die Energieversorgungsunternehmen in der Tat ein Paradigmenwechsel.

Tatsächlich aber ist die Energiewende gar nicht konsequent geprägt durch eine dezentrale Energieversorgung; vielmehr können die Anlagen sowohl als Insellösung, als auch netzparallel gefahren werden.

Gekoppelt mit intelligenten Netzen kann mit der Digitalisierung ein virtuelles Kraftwerk entstehen. Darin finden sich weitere und ergänzende Ansätze für eine zukunftsfähige Infrastruktur in der Energiewende.

Der Erdgaspreis ist gekoppelt an der Preisentwicklung des Erdöls, somit bleibt abzuwarten, wie sich in den kommenden Jahren die Energiekosten entwickeln werden. Aktuell werden seitens der Politik interfraktionell bereits Signale gesendet, dass sich der Benzinpreis in Richtung zwei Euro pro Liter entwickeln wird.

Im Blick:
Die Energieträger im Vergleich mit aufsteigendem Heizwert:
- Braunkohle: 8,1 kJ/g
- Brennholz: 14,5 kJ/g
- Methanol: 19,6 kJ/g
- Steinkohle: 29,3 kJ/g
- Heizöl: 42,7 kJ/g
- Benzin: 43,5 kJ/g
- Erdgas: 50,1 kJ/g
- Wasserstoff: 199,9 kJ/g

Im Blick:
Das Volumen der Energieträger im Vergleich bei gleichem Heizwert:
- Heizöl: 1,0 l
- Benzin: 1,0 l
- Methanol: 2,1 l
- Wasserstoff flüssig: 3,4 l
- Erdgas: 1,0 m³
- Wasserstoff gasförmig: 2,9 m³
- Steinkohle: 1,0 kg

Nahezu alle Medien berichten derzeit über den Wasserstoff und über die Brennstoffzellen.

Die Meinungen, wie die Energiewende erfolgreich sein kann, sind durchaus konträr. Trotzdem haben die Wasserstoffinitiativen ein Ziel bereits erreicht: Wasserstoff ist in das Bewusstsein der Bevölkerung gerückt, Wasserstoff ist der Energieträger der Zukunft.

In der Bundesrepublik Deutschland existieren zwei große Wasserstoffverteilernetze, welche industrielle Produzenten und Abnehmer miteinander verbinden.

Seit etwa 80 Jahren versorgt eine 240 km lange Wasserstoffpipeline, beginnend im nördlichen Ruhrgebiet in Marl die Industrie in Richtung Süden bis Köln mit Wasserstoff. Der Betreiber der Wasserstoff-Pipeline ist Air Liquide.

In der Region Leuna-Bitterfeld-Wolfen verläuft ein zweites Wasserstoffnetz. Der Betreiber ist die Linde AG.

Zwischen dem Emsland und dem Ruhrgebiet soll eine weitere Wasserstoffpipeline entstehen.
Die Leitung zwischen Lingen und Gelsenkirchen soll Ende 2022 einsatzbereit sein.

Eine Machbarkeitsstudie für den Bau einer neuen Wasserstoffpipeline von Rotterdam in den Niederlanden in die BRD hat der Hafenbetrieb Rotterdam gestartet.

Der zukünftige Bedarf an dem Energiespeicher Wasserstoff als Brennstoff mit Blick auf die Einführung der Serienproduktion von Brennstoffzellen wird den gesamten Energiemarkt bereichern.

Eine Aussage in Erinnerung, welcher sich vielfach bedient wird:

Die Steinzeit ging nicht zu Ende, weil es keine Steine mehr gab und der Einstieg in die Wasserstoffindustrie kommt nicht erst, wenn es kein Öl mehr gibt.

Bei der Umstellung der Energieversorgung zu einer Wasserstoffenergiewirtschaft wird oft von einem Zeitraum von ca. 50 Jahren gesprochen; als Erfahrungswert wird die Umstellung von der Kohle auf das Erdöl herangezogen. Man darf dabei aber nicht übersehen, dass, wenn die Industrie von einer Umstellung spricht, von folgender Situation ausgegangen wird:

+ Versorgungssicherheit zu jedem Zeitpunkt an möglichst jedem Ort
+ Eine flächendeckende Infrastruktur:
  + dem Lieferant stehen ausreichend Vertriebsmöglichkeiten zur Verfügung,
  + der Kunde kann an jedem Ort zwischen den Produkten wählen,
+ ein wirtschaftlicher Energiepreis.

Der wohl alles entscheidende Aspekt unserer Abhängigkeit von den fossilen Energieträgern: Ab wann, unter Berücksichtigung verschiedener Verbrauchsentwicklungen, die Produktion der fossilen Energieträger den Energiebedarf nicht mehr decken kann. Nach aktuellen Abschätzungen wurde dieser Punkt bereits erreicht,

Oft unterschätz wird der Energiebedarf in Deutschland mit Blick auf die Wärme; in der BRD werden mehr als 50% des Energieverbrauchs für die Erzeugung von Wärme genutzt.

Auch mit Blick auf die Wärme kann der Energieträger Wasserstoff mit Power-to-Heat technische Lösungen bieten. Eine zukunftsfähige Energieversorgung mit der wichtigen Versorgungssicherheit baut darauf, dass frühzeitig neue Technikoptionen marktreif und zugleich wirtschaftlich sowie umweltfreundlich zur Verfügung stehen; dies mit dem Ziel der Klimaneutralität.

Nach der vermehrten Stilllegung von Bergwerken ist das Interesse an dem Grubengas als mögliche zusätzliche Energiequelle ständig gewachsen. Auch nach der Beendigung des Bergbaus entweicht aus alten Bergwerken mehr als 120 Mio. Normkubikmeter (Nm³) Grubengas pro Jahr ungenutzt in die Atmosphäre.
Der hieraus folgende Gasdruckabfall führt wiederum zu der Freisetzung des adsorptiv gebundenen Gases.
Dieser Effekt ist mit einer Sektflasche vergleichbar, bei der, ist einmal der Korken entfernt, die Kohlensäure solange perlt, bis keine mehr vorhanden ist.
Bundesweit werden in Bergwerken 1,5 bis 1,7 Mrd. Nm³ Grubengas pro Jahr freigesetzt.

Der Methan-Gehalt (CH_4) des Grubengases beträgt ca. 70%. Der Vergleich der in der BRD klimarelevanten Emissionen macht deutlich, dass die Nutzung des Grubengases auch als Brückentechnologie, als Speicher für den Wasserstoff wichtig werden kann.

Die Bundesstatistik über klimarelevante Emissionen in der BRD pro Jahr:

+	Bergbau:	568.359 [t/a] CH_4
+	Nutztierhaltung:	22.300 [t/a] CH_4
+	Abfalldeponie:	183.295 [t/a] CH_4
+	Abwasserreinigung:	107.280 [t/a] CH_4

Die Energieversorgungsunternehmen RWE und E-ON hatten bereits im Jahr 2008 den Abbau von Kraftwerksüberkapazitäten angekündigt.

Egal ob die Abschaltung von Kraftwerken politisch motiviert ist, oder ob die Abschaltung von Kraftwerken alterungsbedingt erfolgen soll, die bestehende Infrastruktur mit Blick auf das Netz und auf die Gebäude hat Zukunftspotenzial.

Eine reelle Chance für die Brennstoffzelle in Kraftwerken findet sich mit dem Blick auf Brennstoffzellentypen mit einer sehr hohen Betriebstemperatur (Hot-Module), da somit auch die Kunden der Nahwärme weiter beliefert werden könnten.

Der Marktanteil der Hausenergieversorgung in der BRD mit Gas lag im Jahr 2010 bei ca. 11 Mio. Endabnehmern; bis heute haben nicht wenige die Hausenergieversorgung umgestellt von Heizöl auf Erdgas, so dass diese Zahl jährlich angestiegen ist.

Bereits dann, wenn für die nun folgende Betrachtung die Anzahl der Endabnehmer des Erdgases aus dem Jahr 2010 bei ca. 11 Mio. herangezogen wird, hätte sich ein Markthochlauf für die Brennstoffzellenheizgeräte bereits gelohnt.

Wird eine Lebensdauer der Brennstoffzellenheizgeräte wie bei der herkömmlichen Hausenergieversorgung mit 15 Jahren angesetzt, ergibt sich bei 11 Mio. Abnehmern ein Neuanlagenpotenzial von:

+ ca. 330.000 Brennstoffzellenheizgeräten für
  Einfamilienhäuser und
+ ca. 440.000 Brennstoffzellenheizgeräten für
  Mehrfamilienhäuser
+ pro Jahr.

Führende Unternehmen sprechen von der Marktreife bei einem potenziellen jährlichen Absatz von 100.000 Brennstoffzellenheizgeräten.

Zur Sicherung der Wettbewerbsvorteile für die Brennstoffzellentechnologie in der BRD mit Blick auf den sehr hohen Entwicklungsstand, muss die Frage der Infrastruktur für die Brennstoffzellenfahrzeuge jetzt zügiger angegangen werden.

Mit dem Ziel der Serienreife von Neufahrzeugen mit Wasserstoffeinsatz arbeiten seit dem Jahr 2007 Unternehmen der Automobilindustrie und Energieunternehmen an einer deutschen "Verkehrswirtschaftlichen Strategie".

Allein die vier größten japanischen Automobilunternehmen investieren pro Jahr 700 Millionen Euro eigene Mittel in die Serienreife der Brennstoffzellenantriebe.

Hier schließt sich der Kreis; wir kommen zurück auf das Thema Humankapital:

Die für die Produktionsbetriebe nötigen Facharbeiter sind in NRW durch den starken Rückgang der Schwerindustrie auf dem Arbeitsmarkt verfügbar.
Die aktuelle Herausforderung der Wirtschaft besteht in der Bereitstellung geeigneter Ausbildungsplätze und in der geeigneten Um- und Weiterbildung der Mitarbeiter.

In dem Buchverlauf wurde zuvor gezeigt: Ein Erfolg der deutschen Industrie im internationalen Wettbewerb hängt ganz entscheidend ab von dem Beginn und von dem Tempo der

Transformationsprozesse in allen betrieblichen Strukturen, was den Kooperationswillen und die Umformung der betrieblichen Weiterbildung voraussetzt.

Noch vor zwanzig Jahren waren Skepsis und die zögerliche Haltung der Industrie gegenüber den Brennstoffzellentechnologien mit fehlender Risiko- oder Innovationsbereitschaft benannt worden.

Allenfalls der Umweltschutz und eine angestrebte Etablierung der eigenen Technologie im Potenzialraster der einsetzenden Diskussion zur Energiewende haben Unternehmen veranlasst, eine Beteiligung einzugehen an ersten Pilotprojekten. Heute ist der Wettbewerb nicht mehr nur Strategie, es gilt die Sicherung der Zukunftsfähigkeit der Unternehmen mit Blick auf deren Produkte, mit Blick auf deren Dienstleistungen.
Ausgelassene Chancen in der Übergangszeit hätten den Weg in die Wirtschaft mit dem Energieträger Wasserstoff verkürzen können!

Hier ein signifikantes Beispiel:

Ermittlungen der Hamburger Elektrizitätswerke HEW im Jahr 2007 hatten ergeben, dass mit dem aus primärer und aus sekundärer Kraftwerksregelung gewinnbaren Wasserstoff in der BRD 1 Mio. PKW mit Brennstoffzellenantrieb betrieben werden könnten; dies bei der Zugrundelegung, dass die Pkw einen Kraftstoffverbrauch von 10l/100km haben, dass die Pkw eine jährliche Fahrleistung bei ca. 12.500 km haben. Durch die Integration der im Linienverkehr fahrenden Stadtbusse (ca. 7.000 Busse in der BRD), ließen sich noch 3/4 Mio. PKW mit Wasserstoff betreiben. Dies praktisch ohne eine nennenswerte Zunahme der Emissionen bei der Energieerzeugung.

Entscheidend für den Durchbruch neuer Technologien war in der Vergangenheit und ist auch aktuell die Akzeptanz der Märkte.
Heute, das wurde gezeigt in dem Buchverlauf, setzt sich wieder die Produktqualität durch:

+ vorausgesetzt, der Preis ist im vertretbar für einen privaten Familienhaushalt,

+ vorausgesetzt, der Betrieb ist im Verhältnis wirtschaftlich.

Der anfangs zögerliche Markteintritt der Handys und Notebooks hatte zu Beginn einen ähnlichen Verlauf, wie der Markteintritt der Brennstoffzellen. Mit der Integration der technischen Möglichkeiten, welche der Energiespeicher Wasserstoff und der Energiewandler Brennstoffzelle bieten, werden die bestehenden Wertschöpfungsketten ergänzt, werden neue Wertschöpfungsketten erschlossen.

Es sind die Wertschöpfungsketten, welche die Handlungsfelder definieren und nicht umgekehrt; dies gilt auch ganzheitlich für die Potenziale der Energiewende.

Brückentechnologien und Zukunftstechnologien

"Brücken bauen für die Zukunft" ist ein industrieller Ansporn, der bereits mit dem Beginn der Industrialisierung eingesetzt hatte. Die aktuelle Energiewende ist nicht die erste Energiewende in Deutschland.

+ Der Verbrennung des Holzes ist die Verbrennung der Kohle gefolgt.

+ Der Verbrennung der Kohle ist die Verbrennung des Erdöls und des Erdgases gefolgt.

+ Die Verbrennung der Kohle, des Erdöls und des Erdgases wurde erweitert mit der Kern-Energie.

+ Dem anstehenden Ausstieg aus der Verbrennung der Kohle und aus der Kern-Energie mit der zunehmenden Reduzierung der Verbrennung des Erdöls und des Erdgases folgt der zunehmende Ausbau der regenerativen Energieerzeugung z.B. mit dem Wind, mit der Sonne, mit Bio-Gas, mit der Geothermie.

+ Da die aktuelle Energiewende auch der Weg ist von den stoffgebundenen Energien, Energien gebunden in der Kohle, in dem Erdöl, in dem Erdgas, hin zu dem regenerativ erzeugten elektrischen Strom, gilt der Energiespeicherung im Giga-Watt-Bereich mit dem Wasserstoff besondere Aufmerksamkeit.

+ Wasserstoff ist für die Speicherung des regenerativ erzeugten elektrischen Stroms sehr gut geeignet mit der Absicht, dass der regenerativ erzeugte elektrische Strom vorrangig direkt genutzt wird, dass der regenerativ erzeugte elektrische Strom, den unsere Netze nicht aufnehmen können, in Wasserstoff gewandelt wird zur Speicherung.

Mit dem Erscheinen des "Bio-Sprits" an den Tankstellen haben nicht wenige Landwirte bei der EU die Nutzungsänderung der Anbauflächen, der Felder beantragt.

Dem musste die EU entgegenwirken, so dass seitens der Industrie die Aufforderung gegenüber der EU entstanden ist, dass eine Entscheidung fallen muss, ob die Industrie die Energie-Produkte im Schwerpunkt in die Richtung "Bio-Sprit" fortführen soll, oder ob die Industrie die Energie-Produkte im Schwerpunkt in die Richtung Wasserstoff beginnen soll.

Die Lobby der Verbrennungsmotoren- und der KFZ-Industrie hatte lange Zeit für die Fortführung der Bemühungen in Richtung "Bio-Sprit" geworben; aktuell wirbt die Lobby der Verbrennungsmotoren- und der KFZ-Industrie für die E-Fuels; dies wohl wissend, dass es gar nicht ausreichend Potenzial dafür gibt, dies mit dem Hauptziel, die Energiewende so lange wie möglich auszubremsen, damit die aktuellen Geschäftsfelder die höchst mögliche Gewinnmaximierung erfahren können.

Die Energiewende ist sehr viel mehr, als die zunehmende Nutzung der Erneuerbaren Energien.

Dass die Energiewende eine industriepolitische Plattform ist mit klar formulierten Forderungen sowohl seitens der EU, als auch seitens der Bundes- und Landes-Ministerien, zeigt sich in allen Medien. Die Energiebereitstellung basiert in Deutschland bei erster Betrachtung zugleich auf der Versorgungssicherheit, auf der der Kosteneffizienz und auf der Umweltverträglichkeit.

Bereits in dem Jahr 2008 hatte der EU-Energiekommissar Andris Piebalgs gesagt: "... es ist Zeit für eine europäische Energiepolitik ... die Vollendung des Binnenmarktes, des Klimaschutzes und der Versorgungssicherheit, das sind die großen Herausforderungen im Energiebereich, die gemeinsame Lösungen erfordern."

Da die Energiewende auch der Weg von den heutigen stoffgebundenen Energien ist, gebunden in der Kohle, in dem Erdöl und in dem Erdgas, hin zu einer Stromwirtschaft mit dem zunehmend regenerativ erzeugten elektrischen Strom, sind die Energiespeicher unbestritten eine notwendige Komponente der zukunftsfähigen Energieinfrastrukturen, für die Energieversorgungssicherheit, für den Energietransport bis hin zu der Bereitstellung der Energie in dem privaten, in dem gewerblichen und in dem industriellen Sektor.

Die Berichte in den Medien erwecken den ersten Eindruck, dass speziell der Raum um Hamburg sowie der Raum um Stuttgart kennen, wie die Energiewende "funktioniert".
Aber warum haben die innovativen Regionen in NRW mit dem Blick auf die Energiewende nicht die größere Aufmerksamkeit? Dass in NRW viele Menschen Probleme haben mit der Beschreibung der Energiewende, hat durchaus unterschiedlichen Hintergrund.

Oft sind zum einen die zahlreichen Prospekte und Flyer an den Messeständen für nicht wenige Menschen sehr speziell zugeschnitten und einander nicht ergänzend, zum Teil sind die Prospekte und Flyer eher unübersichtlich und die Prospekte und Flyer verunsichern somit eher, als dass sie die Energiewende in NRW im Zusammenhang zeigen.

Zum anderen springt in NRW die Energiewende nicht sogleich als ganzheitlich ins Auge, weil sich die einzelnen Kernkompetenzen regional und in den Kommunen schon deutlich zeigen, weil aber deren Verbünde, Kooperationen und Synergien oft nicht bekannt sind.

Selbst das Bemühen um Informationen der an der Energiewende interessierten Menschen über die gängigen Suchmaschinen im Internet, z.B. mit Google, generiert nicht selten Verunsicherung, weil die Suchenden oft sehr konkret nach Begriffen suchen müssen, was wiederum zahlreiche Vorkenntnisse erfordert.

Die Ursache, dass der Raum um Hamburg sowie der Raum um Stuttgart in den Medien oft erscheinen, liegt in der Tatsache:
+   Hamburg kommuniziert zugleich als Stadt und Staat mit einer Stimme,
+   Stuttgart kommuniziert als regionaler Nukleus mit einer Stimme,
+   in den zahlreichen Regionen des Landes NRW gibt es sehr viele Stimmen, welche nicht unbedingt erkennbar einander ergänzen.

In NRW sind die regionalen Kompetenzen den Menschen bekannt, wie die Beispiele:

+ E-Mobile Stadt Dortmund,
+ Klima/Werk/Stadt/Essen,
+ Solarstadt Gelsenkirchen,
+ Innovation City Bottrop,
+ Wasserstoffstadt Herten,
+ Brennstoffzellenstadt Duisburg,
+ Chemiestadt Marl,
+ Umweltstadt Gladbeck,
+ und viele mehr.

Jedoch wird z.B. nicht die ganzheitliche Metropole Ruhr im Potenzialraster des Landes NRW erkannt auf Augenhöhe mit Hamburg und dem Raum um Stuttgart. Kooperationen, wie z.B. die Kooperation des h2-netzwerks-ruhr mit HyCologne, sind eher nur denjenigen bekannt, welche sich bereits intensiver mit der Energiewende und den Energiespeichern beschäftigt haben.

Eine zukunftsfähige Infrastruktur in der Energiewende ist komplex, chancenreich und auch sehr spannend zugleich.

Mit der Innovation der deutschen Energiewirtschaft haben sich seit dem Jahr 1951 parallel zu der Kohleindustrie auch die konventionellen Energieträger Erdöl und Erdgas in den Energiemärkten etabliert. Die wohl alles entscheidende Rolle eines Energiestandortes, einer Energieregion sind die Fähigkeiten, Energien wirtschaftlich, effizient, ökologisch und nachhaltig zu erzeugen und bereitzustellen; mit bezahlbaren Preisen für die Bevölkerung.

Sowohl ein exzellentes Umfeld mit den Hochschulen und mit den Forschungseinrichtungen, als auch die wirtschaftlich-technische Kompetenz, sind die innovative Basis; mit einer regionalen Wirtschaftsförderung der innovative Motor.
Dies galt in der Vergangenheit für die klassischen Energien und das gilt auch heute für die Erneuerbaren Energien.

Wird die Wertschöpfungskette der Ökostromerzeugung geschlossen durch die geeigneten Energiespeicher, werden diese zusätzlichen Energieerträge aus Sicht der EU und aus Sicht der Landes- und Bundesministerien dazu führen, dass auch in Zukunft die Energie bezahlbar bleibt für die Menschen. Dass diese Weitsicht der EU berechtigt ist, zeigt sich bereits heute. Das Technologie- Know-how und das Infrastruktur-Know-how haben einen global rasant boomenden Job-Motor ausgelöst.

Die politischen Vorgaben für das Jahr 2020 sind nicht weniger anspruchsvoll gewesen, wie die Slogans der Unternehmen: voRWEg gehen ist ein signifikantes Beispiel dafür.

Dass die global agierenden Energieversorger und auch die regionalen, im Verbund agierenden Energieversorger die aktuelle Situation der Energiewende mit "mehr als unglücklich" kommunizieren, erschließt sich bei genauer Betrachtung als gerechtfertigt.
Ein Betrieb in der Privatwirtschaft würde eine Produktions-linie weder fortführen können noch fortführen wollen, wenn im Ergebnis nicht einmal eine schwarze Null erwirtschaftet werden kann.

Warum wird dann von den Energieversorgern erwartet, dass diese ihre Kraftwerke am Netz betreiben, wenn die Einspeisung der regenerativen Energien im Netz Vorrang haben muss für das Führen der Energiewende auf die Erfolgslinie?

Weil die Versorgungssicherheit und die unterbrechungsfreie Bereitstellung von Energie eine unabdingbare Säule sind; sowohl für die Industrie, als auch für die privaten Haushalte. Jedoch unterliegen auch die Energieversorgungsunternehmen im globalen Wettbewerb den Anforderungen an den Märkten und können ohne die wirtschaftlichen Erfolge keinen Bestand haben.

Die Slogans der Unternehmen wie:
+ "Kraft für Neues" (Evonik),
+ "voRWEg gehen" (RWE),
+ "Neue Energie" (E.ON)
sind Programm und Anspruch zugleich gewesen mit dem Start der Energiewende in Deutschland.

Jedoch haben sich die Kompetenzen von RWE, ab dem Jahr 2016 auch mit Innogy und die Kompetenzen von E.ON nicht ergänzt, vielmehr sind RWE und E.ON in der Vergangenheit im Wettbewerb zueinandergestanden. Das hat sich geändert.
Erst im Jahr 2018, nachdem RWE und E.ON eine sehr umfangreiche, inhaltliche Abstimmung der unternehmerischen Ziele vereinbart hatten, konnte mit dem Wechsel für die beiden Unternehmen eine Basis entstehen, mit der RWE und E.ON einander ergänzen:

+ RWE hatte bis zum September 2019 seine Innogy-Anteile vollständig an E.ON übertragen,
+ RWE hatte dafür das gesamte Geschäft mit den erneuerbaren Energien erhalten sowohl von E.ON, wie auch von Innogy,
+ so dass RWE die Energieerzeugung verfolgt incl. der erneuerbaren Energien,
+ so dass E.ON die Netze betreibt.

RWE und E.ON sind mit dieser Entwicklung einen wichtigen Schritt gegangen, damit diese zukunftsfähigen Strukturen entstehen konnten.

Power-to-Gas und auch die Methanisierung sind nicht nur für global agierende Energieversorgungsunternehmen wie RWE und E.ON in die Liste der Potenziale gerückt, um die Versorgungssicherheit des elektrischen Stroms, des Gases und der Wärme in der Zukunft vorzuhalten.

Sowohl für die regenerativ erzeugten elektrischen Überkapazitäten, als auch für den Energietransport, sowie für die Bereitstellung der Energie vor Ort sind die Energiespeicher unbestritten eine notwendige Komponente einer zukunftsfähigen Energieinfrastruktur. Kurzzeitspeicher und Langzeitspeicher ergänzen einander und ermöglichen in einer zukunftsfähigen Energieinfrastruktur die Energieversorgungssicherheit.

Das virtuelle Kraftwerk, Smart Meter, Minigrid, Power-to-X sind heute keine fremd wirkenden Begrifflichkeiten mehr.

Die Windenergieanlagen, die Windstrom-Elektrolyse, die Sonnenenergie und die Wärme erzeugenden Solarmodule haben in den letzten Jahren zunehmend an Bedeutung gewonnen.

In der Vergangenheit hatten sich die Energieversorgungsunternehmen noch schwer getan mit konkreten Aussagen in dem Betreff Energiewende.
Den Anfragen an die Energieversorgungsunternehmen in dem Betreff konkreter Impulse, in dem Betreff der aktuellen Zielvereinbarungen, hatten in der Vergangenheit in einen konstruktiven Dialog geführt mit RWE und auch mit E.ON.
Unterstützt haben die Energieversorgungsunternehmen im Potenzialraster der Energiewende gerne, wenn auch die Kommunen und Regionen die Projekte begleitet haben.

Dass der Erfolg der Energiewende auch gekoppelt sein wird an der Energieeffizienz, ist kein Geheimnis gewesen. Wie sehr im Zeitalter der Digitalisierung die Energieeffizienz immer mehr Einfluss genommen hat auf unseren Alltag mit den Anwendungen der Energieformen Wärme, elektrischer Strom und Gas, zeigen auch die zahlreichen Entwicklungen der Energiesysteme.
Ein geschickter Einsatz von intelligenten Informations- und Kommunikationstechnologien, ist wichtig geworden für die moderne Energieversorgung, ist wichtig geworden für das Erreichen einer zukunftsfähigen Energieinfrastruktur.

Nicht nur die jungen Generationen beschäftigen sich intensiv mit der Energiewende.

Das zeigt sich auch in den Fragen der Menschen aller Altersgruppen z.B. im Verlauf der Messen:

+ Getrieben von der Neugier,
+ bis hin zu den beruflichen Zukunftsperspektiven,
+ bis hin zu Fragen der Reichweite aktueller Energie-träger,
+ bis hin zu den zu erwartenden Kostenentwicklungen für die Energie,

sind die Fragen geprägt von Verunsicherung und von großem Interesse zugleich.

Die Energiespeicher sind die unverzichtbaren, wie auch die tragenden Komponenten in einer zukunftsfähigen Energieinfrastruktur.

Die Speicherung von elektrischem Strom ist langfristig ein wesentlicher Baustein für das Gelingen der Energiewende. Die Stromnetze würden noch stärker belastet mit dem zunehmenden Ausbau der regenerativen Energieerzeugung; vor diesem Hintergrund wird die fluktuierende Energieerzeugung an windreichen Tagen im Sommer und an windarmen Tagen im Winter noch stärker ausfallen.
Die kurzfristige Lösung:
Die Speicher für den elektrischen Strom ergänzen einander zunehmend mit der konventionellen Energieerzeugung durch die intelligenten Netze.
Die langfristige Lösung:
Die Speicher für den elektrischen Strom sind miteinander vernetzt in Maschen, welche in Summe das virtuelle Kraftwerk realisieren.

Sowohl die globalen Herausforderungen, wie auch die lokalen Herausforderungen sind in der Summe die treibende Kraft der Energiewende. Das Jahr 2022 ist mit dem Überfall Russlands auf die Ukraine und mit dem Beginn der daraus resultierenden Krise der Auslöser dafür, dass die bereits formulierten Ziele der Energiewende noch deutlich ehrgeiziger angestrebt werden.

Die Veröffentlichungen und die Analysen in dem Betreff Energieträger Wasserstoff zeigen, dass mit den Anwendungen der auf dem Wasserstoff basierenden Energiekonzepte, das Treibhausgasreduktionsziel der Bundesregierung für das Jahr 2030 in Höhe von 55 % gegenüber 1990 erreichbar ist.

Mit den Wirtschaftlichkeitsanalysen wird deutlich, dass auch das Vergleichskostenniveau im Kraftstoffsektor eine Wasserstoffnutzung in dem mobilen Bereich favorisiert.
Um die gesteckten Ziele der Minderung der Treibhausgase und die Umstellung auf erneuerbare Energien bis zum Jahr 2050 zu erreichen, sind jedoch erhebliche Investitionen in die Infrastruktur erforderlich, wobei die zu erwartenden Folgekosten einer voranschreitenden Klimaerwärmung deutlich höher ausfallen werden.

Die allgemein anerkannten Treiber der sich weltweit wandelnden Energietechnologien sind der Klimawandel, die lokalen Emissionen, die Energieversorgungssicherheit sowie die industrielle Wettbewerbsfähigkeit; die Relevanz variiert je nach dem betrachteten Land.

Mit dem durch eine Naturkatastrophe ausgelösten Kernkraftwerksunfall in Fukushima haben sich mehrere Länder von der Kernkraft abgewandt. Ein Hauptgrund lag sicherlich auch in dem Erkennen, dass, wenn ein in der Kernkraft weltweit führendes Land wie Japan einen Gau nicht verhindern kann, dass dann auch die anderen Länder ein unkalkulierbares Risiko haben durch die Energieerzeugung mit der Kernkraft.

Hinzu kommt das große Problem der sicheren Lagerung ausgedienter Brennstäbe aus den Kernkraftwerken, hinzu kommen die enormen Ewigkeitskosten der Lagerstätten.

In Deutschland hatte dieses Ereignis zu einem breiten politischen Konsens aller Parteien geführt gegen die weitere Kernkraftnutzung. Gleichzeitig sollen jedoch die Emissionen von Treibhausgasen stark reduziert werden.

Die seitens der Deutschen Bundesregierung erklärte Verpflichtung zur Minderung der Treibhausgasemissionen um 80 % bis 95 % bis zum Jahr 2050 gegenüber dem Bezugsjahr 1990, ist ein sehr ehrgeiziges Ziel und ist vielleicht auch nicht vollständig erreichbar mit dem Blick auf den Zeitpunkt. Jedoch ist bereits der global boomende Job-Motor entstanden; auch mit dem deutschen Technologie-Know-how und mit dem deutschen Infrastruktur-Know-how. Für das Jahr 2030 beträgt das Reduktionsziel 55 % gegenüber dem Bezugsjahr 1990. Damit stehen die Energiewirtschaft und die Energietechnologien global, in Folge auch lokal, vor Herausforderungen, die auch zusammenhängen mit einer angestrebten Reduktion von Umwelteinwirkungen und mit den wirtschaftspolitischen Zielsetzungen.

Mit den wirtschaftspolitischen Zielsetzungen werden von der Bundesregierung die erneuerbaren Energien, die Elektromobilität, die Kraft-Wärme-Kopplung und auch die zukunftsfähigen Energietechnologien gefördert.

Der Weg der Energiewende ist nicht nur der Weg weg von den stoffgebundenen, fossilen Energieträgern, gebunden in der Kohle, gebunden in dem Erdöl und in dem Erdgas, hin zu den regenerativ erzeugten Energien, der Weg der Energiewende ist auch der Weg von der Netzzentralität mit den Kraftwerken hin zu den miteinander gekoppelten dezentralen Energieerzeugungen.

Die Brückentechnologien erfahren eine Optimierung an den technischen Tangenten, wozu sicherlich auch die Entwicklung effizienterer, zentraler Kraftwerke gehört, wozu sicherlich auch die Optimierung der Gase-Infrastruktur gehört.
+   Die Zukunftstechnologien erfahren eine System-Integration an den technischen Tangenten der Energiewende,
+   Die Digitalisierung koppelt die dezentralen Energieerzeugungen mit dem Ziel der "virtuellen Kraftwerke",
+   die Gase-Infrastruktur transportiert entstandene Produktgase und unterstützt z.B. Power-to-Gas und die Methanisierung.

Mit dem Bezug auf die genannte Forderung der Bundesregierung nach reduzierten Treibhausgas-Emissionen spielen die erneuerbaren Energien und die Elektromobilität eine herausragende Rolle zur Erreichung der ehrgeizigen Ziele.

Der weitere Ausbau erneuerbarer Energien wird in diesem Zusammenhang sehr intensiv begleitet von der EU, sowie von den Bundes- und von den Landesministerien, wobei der Speicherung der elektrischen, regenerativ erzeugten Energie mit dem Wasserstoff eine wachsende Bedeutung zukommt aufgrund der fluktuierenden Einspeisungen des Wind- und des Solarstroms. Dabei immer mit dem Fokus, dass die regenerativ erzeugte elektrische Energie stets direkt genutzt wird und dass die Überkapazitäten, die elektrische Energie, welche die Stromnetze nicht aufnehmen können, mit dem Wasserstoff gespeichert wird für Zeiten, in denen weniger elektrische Energie regenerativ erzeugt werden kann. In Folge wird die direkte Nutzung des Wasserstoffs angestrebt.

Tatsächlich haben die Industriezweige bereits Nutzungspfade für den Wasserstoff entwickelt:

+ die Speicherung regenerativ erzeugter Überkapazitäten in dem Strommarkt,
+ als Kraftstoff für Fahrzeuge mit hocheffizienten Brennstoffzellenantrieben,
+ mit Power-to-Gas die Wasserstoffeinspeisung in vorhandene Erdgasnetze,
+ mit z.B. der Methanisierung die Entwicklung von neuen Energie-Produkten.

Die untersuchten Wasserstoffnutzungspfade zeigen, dass der Einsatz des Wasserstoffs in den Brennstoffzellen-Fahrzeuge die höchste CO_2-Emissionsreduktion bietet, da aufgrund des Technologiewechsels die Kraftstoffnutzung einerseits bei höherem Wirkungsgrad im Vergleich zu den Verbrennungsprozessen in den Benzin- und Diesel-Motoren stattfindet, da in dem Vergleich zur Erdgas-verbrennung andererseits in der mobilen Anwendung ein Kraftstoff mit deutlich höheren CO_2-Emissionen vermieden wird.

Maßgeblich für den Erfolg der Entwicklung von den zukunftsfähigen Antriebskonzepten ist, dass der Vergleich mit den Gebrauchseigenschaften aktueller, heutiger Fahrzeuge erkennbare Vorteile generiert.

Die Kriterien für die Akzeptanz der zukunftsfähigen mobilen Anwendungen sind:

+ die Reichweite,
+ die Betankungsdauer,
+ die Dynamik des Antriebs,
+ die technische Zuverlässigkeit,
+ die Erwerbskosten,
+ die Betriebskosten,
+ die Rekuperation.

Neu in der Gesamtbetrachtung der Mobilität ist das rekuperative Bremsen; nur mit der Elektromobilität wird die Energierückgewinnung durch den Bremsvorgang möglich, dies sowohl mit Batterie-Fahrzeugen, als auch mit Brennstoffzellen-Fahrzeugen.

Ein oft herangezogenes Ziel der Energiewende ist, dass:

+ die Windenergie mit ca. 80%,
+ die sonstigen erneuerbaren Energien mit ca. 10%,
+ die Gase-Produkte ebenfalls mit ca. 10% beitragen zu der gesamten Stromerzeugung in Deutschland, wobei:
+ ca. 65% des regenerativ erzeugten elektrischen Stroms direkt genutzt wird,
+ ca. 35% des regenerativ erzeugten elektrischen Stroms die Wasserstofferzeugung stützt. Die dabei erzeugte Wasserstoffmenge wäre zum Beispiel ausreichend für den Betrieb von ca. 28 Mio. Pkw.

Basierend auf der Grundlage der einander bestätigenden Berechnungsergebnisse durch die Forschungsarbeit und durch die Entwicklungsarbeit in Deutschland, wird eine wirtschaftliche Analyse des Energiekonzepts mit dem Einsatz des Energieträgers Wasserstoff möglich.

Entscheidend mit dem Blick auf die zu erwartenden Kosten für den Wasserstoff ist dabei auch die Frage, auf welchem Weg der Wasserstoff als Energiespeicher von dem Herstellungsort transportiert wird zu den Verbrauchern.

Der Wasserstofftransport kann sowohl flüssig, wie auch gasförmig erfolgen. Technisch ausgereift ist der Transport des Wasserstoffs in Pipelines oder per Lkw; das ist die aktuelle, industriell erfolgreiche Praxis. Für die Einbringung großer Mengen des Wasserstoffs in den Verkehrssektor ist langfristig der Transport von gasförmigem Wasserstoff über die Pipelines am wirtschaftlichsten.

Die Aussichten; Partner im Dialog

Sie haben bis hierhin gelesen?
DANKE!

Sie haben jetzt große Sorgen mit dem Blick auf die kommenden Generationen?
Berechtigt, wenn weiterhin nicht gestartet wird in die Energiewende.

Ein Grund zur Panik?
Bitte nicht.

Wir, die wir uns beschäftigen mit den Herausforderungen der Energiewende, kennen, wie die Energiewende gelingt und wir setzen uns dafür ein. Dass unser Einsatz erkannt worden ist, ist erkennbar in den politischen Aussagen, dass der Wasserstoff als Energiespeicher der Energiewende zum Erfolg verhilft.

Das Ziel dieses Buches ist Sie mitzunehmen in den Dialog, dass die Energiewende wichtig und richtig ist; dies mit dem Start der Umsetzung JETZT.

Mit dem voraussichtlich im 3. Quartal 2022 folgenden Buch werden Lösungen gezeigt, werden erste Ansätze gezeigt, werden die Auswirkungen gezeigt, wird einer weiten Zielgruppe die Energiewende derart vorgestellt, dass die bewusst unvollständigen und/oder falschen Aussagen derer, welche gegen den Start in die Energiewende agieren, auch bei Ihnen keine Unsicherheiten mehr auslösen.

Dieter Mende

Energie-Dialog
EEZ Energie Energiewirtschaft Zukunftsenergien

Aha, so also gelingt die Energiewende
Begleitbuch = Wörterbuch + Sachbuch zugleich

Auch andere Sach- und Fachbücher verstehen.
Abholend für Interessierte,
Ideen gebend für Akteure.

Aha, so also gelingt die Energiewende !!
Begleitbuch = Wörterbuch + Sachbuch zugleich

"Aha, so also gelingt die Energiewende". Das Buch ist ein Begleitbuch, das zum einen als Wörterbuch in alphabetischer Reihenfolge nicht nur Begriffe erklärt, sondern Begriffe auch in den Zusammenhang bringt. Das Buch kann zum anderen auch wie ein Sachbuch gelesen werden, das mit den in den Zusammenhang gebrachten Begriffen immer wieder den Aha-Effekt auslöst. Dieses Begleitbuch ist nicht nur ideal auch für das Verstehen anderer Sach- und Fachbücher, dieses Buch holt die an der Energiewende Interessierten ab und kann für die Akteure eine wertvolle Ideen-Quelle sein.

Wenn Veränderungen möglich sind, können wir nicht immer sogleich die Zusammenhänge erkennen und/oder verstehen. Vielleicht kommt Ihnen die folgende Analogie auch bekannt vor? Der Facharzt/die Fachärztin berichtet beim jährlichen Gesundheits-Check von dem Ergebnis der Untersuchungen mit Verwendung der medizinischen Fachbegriffe. An dieser Stelle nicken Menschen oft zustimmend, ohne dass die Ausführungen wirklich verstanden worden sind und geben sich zufrieden, wenn die Ärztin/der Arzt dabei freundlich lächelt. Das Nachfragen hilft, wenn nicht gut genug erklärt worden ist. Plötzlich sprechen die Ärztin/der Arzt in einem verständlichen Umgangsdeutsch. Warum nicht gleich so?

Nicht anders verhält es sich mit vielen Sachbüchern zur Energiewende; man muss sich tatsächlich fragen, für welche Zielgruppe das Sachbuch verfasst worden ist, weil ein Leser, eine Leserin bereits über ein umfangreiches technisches Grundverständnis verfügen muss.

Dieter Mende

EEZ Energie Energiewirtschaft Zukunftsenergien

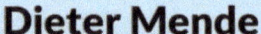

Aha, so macht Zukunft Freude.
Energiewende, Anspruch und Realität:
erleben und (er)fahren.
Kupferplatte BRD vs. Wasserstoff

Energiewende: zuerst vielleicht paradox wirkend?
Aktuelle Positionen, Tangenten erklärend erfasst,
technische Potenziale, energetische Potenziale.
EKS Energiekomplementärsystem h2herten.
Die umfassende Klammer mit dem Umweltschutz
gegen den Klimawandel, das globale Image

Aha, so macht Zukunft Freude. Energiewende, Anspruch und Realität: erleben und (er)fahren.

Das Buch führt mit spannender Thematik an die zahlreichen Themen der Energiewende heran. Die vielen Schnittstellen der Energiewende sind zunächst strukturiert erfasst, bevor die Herausforderungen interdisziplinär gezeigt werden.
Sie erfahren zugleich die wohl spannendsten Entwicklungen der modernen Welt mit den Herausforderungen von Heute; dies zum einen mit Blick auf den Erhalt der Energieversorgungssicherheit für die Menschen, dies zudem mit Blick auf die vielen Chancen für die kommenden Generationen.

Das Buch zeigt am Beispiel des EKS Energiekomplementärsystems im Wasserstoff-Anwenderzentrum h2herten die umfassende Klammer der Energiewende mit dem Umweltschutz gegen den Klimawandel.
Der Erfolg der Energiewende hängt ganz entscheidend ab von dem Beginn und von dem Tempo der Umsetzung definierter Ziele, was die Entschlossenheit und die regionale Identität mit den entstehenden Handlungsfeldern erfordert.

Im Verlauf des Buches werden auch die technischen Grundlagen vorgestellt und in Verbindung gebracht mit den zahlreichen Chancen. Die Energiewende ist nachvollziehbar dokumentiert mit den Darstellungen der Anstrengungen aus den unterschiedlichsten Perspektiven. Wasserstoff vs. Kupferplatte BRD. Lassen Sie sich inspirieren und begeistern von den zahlreichen Chancen, welche die Energiewende auslöst.

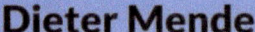

Dieter Mende
EEZ Energie Energiewirtschaft Zukunftsenergien

KLIMA.helfen.DE
Schwarm-Beiträge für das gemeinsame Vielfache, Detail-Beiträge für die Chancen und Möglichkeiten

Resilienz, Kipppunkte, Rebound-Effekt:
Renaturierung, Brückentechnologien, Zukunftstechnologien ... Wasserstoff.

Der Energieträger Wasserstoff ist mit der Sektoren-Kopplung Power-to-X die umfassende Klammer für die zukunftsfähige Energiewende mit umweltneutralen Technologien zur Reduzierung des Klimawandels.

Klima.helfen.De, Schwarm-Beiträge für das gemeinsame Vielfache, Detail-Beiträge für die Chancen und Möglichkeiten

EU-, Bundes-, Landesweit denken und vor Ort handeln ist kein Widerspruch, sondern vielmehr dynamische Energie-Politik. Wenn Ihnen jemand sagt, Sie/Er könne Ihnen innerhalb weniger Minuten die Chancen und Möglichkeiten der Umwelt- und Klimahilfe erklären, dann sollten Sie äußerst skeptisch sein.

Das Buch KLIMA.helfen.DE führt mit spannender Thematik an die zahlreichen Tangenten der Klimahilfe mit der Energiewende heran. Die vielen Schnittstellen der Energie-wende springen nicht zwingend sogleich ins Auge, jedoch sind die regionalen und lokalen Schwarm-Beiträge von großer Bedeutung für das gemeinsame Vielfache.
Die Renaturierung, die zukunftsfähigen Brückentechno-logien, die klimaneutralen Zukunftstechnologien, die Sektoren-Kopplung (Power-to-X) elektrischer Strom + Wärme + Gase-Produkte + Treibstoff-Produkte mit dem Wasserstoff . . . die regionalen und lokalen Chancen sind vielfältig und haben mit dem deutschen Technologie-Know-how und dem deutschen Infrastruktur-Know-how neben den Machbarkeitsnachweisen zur Energiewende bereits einen boomenden Job-Motor ausgelöst.

Im positivsten Sinn verzichtet das Buch KLIMA.helfen.DE tatsächlich auf mahnende Szenarien und startet direkt mit dem Aufzeigen der chancenreichen Möglichkeiten in dem Potenzialraster der Energiewende BRD/EU.

Dieter Mende

EEZ Energie Energiewirtschaft Zukunftsenergien

UMWELT.helfen.DE

Spannende
Schwarm-Beiträge,
ideenreiche Details,
Wohlfühl-Oasen
Garten und Balkon

Berankte Laube
statt Pavillon,
ideenreich begrünte
Kleinflächen, blühende
Vogel- und Insekten-Inseln,
ideenreiche Garten-Dekorationen
mit Insekten- u. Hummel-Hotels u. Futterstationen,
Teichufer statt Abbruchkrater, der bewusste Umgang mit
den Ressourcen, wertvolle Beiträge mit Belohnung und Genuss.

118

UMWELT.helfen.DE, spannende Schwarm-Beiträge, ideenreiche Details, Wohlfühl-Oasen Garten und Balkon

Laube statt Pavillon, ideenreich begrünte Kleinstflächen, blühende Vogel- und Insekten-Inseln, Ideenreiche Garten-Dekorationen mit: Insekten- u. Hummel-Hotel, Futterstationen, Teichufer statt Abbruchkrater, der bewusste Umgang mit den Ressourcen, wertvolle Beiträge mit der Belohnung und mit dem Genuss.

Lassen Sie sich begeistern von der Idee, dass Ihr Garten oder Ihr Balkon auch eine Wohlfühloase sein kann, der mit viel Freude und mit wachsender Begeisterung die Umwelt und das Klima unterstützt.

Lassen Sie sich begeistern von der Idee, dass anhand der in diesem Buch gezeigten Impulse, Sie mit Ihren Schwarmbeiträgen beitragen für das gemeinsame Vielfache: eine zukunftsfähige Wohnkultur.

Jeder Kleinstbeitrag ist im Schwarm die umfassende Klammer für die zukunftsfähige Wohnkultur, für die spannende Wohlfühlinsel Zuhause, die Reduzierung des zunehmenden Aufheizens der Stadt und vieles mehr.

Die strukturierten Beiträge in dem Buch werden ergänzt mit ideenreichen Ressourcensparttipps für den Betrieb von Gärten.

Der Autor

Dieter Mende

Homepage:
www.eez-mende.de

Das Buch ist geschrieben mit dem Hintergrund des beruflichen Ausbildungsverlaufs sowohl in der Chemie, als auch in der Elektrotechnik, ergänzt mit dem Hintergrund Energie-Dialog EEZ Energie Energiewirtschaft Zukunftsenergien; ich selbst bin der Gründer des Energie-Dialogs EEZ am 05.07.1995.

Die berufliche Basis ist weit gefächert:
Seit September 1997 beauftragt mit der zentralen Leittechnik für Energiezentralen in dem Projektbüro Automatisierungstechnik eines regionalen Energieversorgungsunternehmens; im November 2019 ist der Wechsel in die Abteilung Projektierung Netzbau elektrischer Strom erfolgt.
Seit Februar 2003 zunächst beauftragt mit den Aufgaben zum Auf- und Ausbau des regionalen Wasserstoff-Nukleus h2herten, anschließend beauftragt mit Aufgaben der Projekt- und Unternehmens-Akquise, der Marktkommunikation und der Netzwerkarbeit im Team des Wasserstoff-Anwenderzentrums h2herten.

In beiden Fällen ist den Arbeitgebern der sehr erfolgreiche Energie-Dialog EEZ aufgefallen, so dass daraus die Beschäftigungen entstanden sind.

Mein Antrieb zur Erstellung von Reporten und Büchern ist zum einen die Leidenschaft für die Herausstellung der Chancen und der Möglichkeiten im Potenzialraster der Energiewende mit dem Energieträger Wasserstoff, zum anderen der Ehrgeiz zum Auf- und Ausbau einer Wasserstoffinfrastruktur mit der Werbung branchenübergreifender Leistungsträger, mit der Identifizierung von zukunftsfähigen Beiträgen und den daraus entstehenden, einander ergänzenden Kompetenzen.

Den etablierten Unternehmen im Energiemarkt und deren anfänglichen Ablehnung gegenüber dem Energieträger Wasserstoff und dem Energiewandler Brennstoffzelle bin ich begegnet mit aussagekräftigen Ergebnissen der Potenzialanalysen, mit den Potenzialen der Sektorenkopplung Power-to-X, der Identifizierung von Alleinstellungsmerkmalen und mit den komplexen Projektanstößen vielschichtiger Interessen aller Beteiligten.
Mit dem Durchhaltevermögen und mit Geduld konnten auch anfängliche Skeptiker des Energieträgers Wasserstoff und des Energiewandlers Brennstoffzelle erfolgreich geworben werden in eine zukunftsfähige Infrastruktur in der Energiewende.

Mit dem Energie-Dialog EEZ bin ich langjähriges Mitglied im DWV Deutschen Wasserstoff- und Brennstoffzellen-Verband e.V.

Der DWV ist eines der in Europa erfolgreichen Sprach-
rohre für den Energieträger Wasserstoff und für den
Energiewandler Brennstoffzelle; der DWV spricht mit dem
Ergebnis von über einhundert Industrie- und Forschungseinrichtungen.

Mitgewirkt habe ich erfolgreich bei der Mitgliederakquise
zur Gründung eines Beirats für h2herten, aus welchem
durch die Erweiterung im Jahr 2008 der Beirat hervor-
gegangen ist für das h2-netzwerk-ruhr.

Bild oben:
Das Wasserstoff-Anwenderzentrum h2herten: der regionale Wasserstoff-Nukleus
im nördlichen Ruhrgebiet.

Bild links:
14.06.2019 Die Eröffnung der Wasserstoff-
Tankstelle am Anwenderzentrum h2herten;
im Hintergrund die ehemalige Zeche
Auf Ewald.

Bilder: Dieter Mende; EEZ
Energie Energiewirtschaft Zukunftsenergien